René Bloch

Jüdische Drehbühnen

Tria Corda

Jenaer Vorlesungen zu Judentum,
Antike und Christentum

Edited by

Walter Ameling, Karl-Wilhelm Niebuhr
und Meinolf Vielberg

7

René Bloch

Jüdische Drehbühnen

Biblische Variationen im antiken Judentum

Mohr Siebeck

René Bloch, geboren 1969; 1999 Promotion; 2008 Habilitation; seit 2008 Professor für Judaistik mit Schwerpunkt Antike und Mittelalter an der Universität Bern.

ISBN 978-3-16-152264-2
ISSN 1865-5629 (Tria Corda)

Die Deutsche Bibliothek verzeichnet diese Publikation in der Deutschen Nationalbibliographie; detaillierte bibliographische Daten sind im Internet über *http://dnb.dnb.de* abrufbar.

Das Buch wurde von Martin Fischer in Tübingen aus der Garamond Antiqua gesetzt, von Gulde-Druck in Tübingen auf alterungsbeständiges Werkdruckpapier gedruckt und von der Buchbinderei Nädele in Nehren gebunden.

Für unsere Söhne Felix, Leon und Jason,
die auch Geschichten lieben.

Vorwort

Juden verstanden sich in der Antike, und darüber hinaus, als Teil einer kontinuierlichen Tradition. Wichtigster Orientierungspunkt war dabei der *Tanach* (*Hebräische Bibel, Altes Testament*) bzw. die griechische Septuaginta. Dieses Textcorpus, das sich erst über längere Zeit und mit Varianten ergab, wurde nicht nur als Grundlage der jüdischen Gesetzespraxis verstanden, sondern bot mit seinen vielen Erzählungen auch immer wieder Anknüpfungsmöglichkeiten für das eigene Selbstverständnis. Die innerjüdische Rezeption ermöglichte stets neue Lesungen: Die Texte – insbesondere die *Tora* (Fünf Bücher Moses) konnten als Ferment unterschiedlichster Deutungen der eigenen Lebenswelten dienen.

In der Antike haben Juden in ganz unterschiedlichen literarischen Gefäßen – in Geschichtsschreibung, Belletristik, Poesie, philosophischen Traktaten, in Übersetzungen (Targumim), Midraschim und Kommentaren – die biblischen Texte mit häufig bemerkenswerter inhaltlicher Freiheit interpretiert. Wie auf einer Drehbühne konnten sie immer wieder neu inszeniert werden – ohne, dass die Vorlage deswegen in Frage gestellt werden musste. Um solche Neudeutungen und deren Entstehungskontexte soll es in den folgenden vier Vorlesungen gehen. Dies ist selbstredend ein großes Thema, das in diesem kleinen Rahmen nicht umfassend behandelt werden kann: Ich habe für diese Tria Corda-Vorlesungen, gleichsam auf mein eigenes Herz hörend, Texte ausgewählt, die mich seit längerem besonders faszinieren und die dem nicht spezialisierten Lesepublikum wenig bekannt sein dürften: die Geschichte von Joseph und Aseneth, die Moses-Biographie des Philon von Alexandrien, das *Buch der Biblischen Altertümer* des Pseudo-Philo und schließlich – über die Antike hinaus, aber eng mit der Antike verbunden – den *Josippon*, eine hebräische Neufassung der biblischen Geschichte und des jüdisch-römischen Krieges aus dem Italien des 10. Jahrhunderts. Die ersten beiden Vorträge werden uns nach Ägypten führen, jener zu Pseudo-Philo nach Palästina, der letzte wieder zurück in die jüdische Diaspora. Zuerst werden griechische Texte im Zentrum stehen (*Joseph und Aseneth*, Philon von Alexandrien), anschließend ein lateinischer (Pseudo-Philo) und zum Schluss der hebräische *Josippon*. Die literarischen Genres, die hier zur Anwendung kommen, reichen vom Roman über den religionsphilosophischen Traktat bis zur Geschichtsschreibung.

Wir haben es also, durchaus mit Absicht, mit einer in vielerlei Hinsicht sehr heterogenen Gruppe von jüdischen Texten zu tun. Sie zeichnen sich aber auch durch wichtige Gemeinsamkeiten aus, die Leitmotive der folgenden Vorlesungen sein werden: Alle nehmen sie biblische Figuren auf und schreiben deren Geschichten um und weiter. Alle vier Autoren nutzen die biblische Vorlage für Neudeutungen, die stark geprägt sind von ihrem zeitlichen und geographischen Kontext. Alle vier Werke spiegeln ein komplexes Verhältnis zur nichtjüdischen Umwelt wider: Zum einen stehen sie für ein wahrhaftes, souveränes, teils gar wegweisendes Judentum ein. Zum andern sind alle vier Autoren um Verbindungen mit der Mehrheitsgesellschaft bemüht: In *Joseph und Aseneth* wird Joseph zeitweise sogar König über Ägypten, kümmert sich aber liebevoll um den Sohn des Pharao. Philons Moses ist der weiseste Mensch, der je gelebt hat, und ging dennoch in eine internationale Schule. Der *Josippon* ersinnt eine Abhängigkeit der Römer von Zepho, Enkel des Esau, und von König David, plädiert aber gerade dadurch für eine Kooperation mit Italien. Scharf sind die Demarkationslinien bei Pseudo-Philo. Aber auch er lässt nichtjüdische Einflüsse durchschimmern. Und alle vier Autoren, von denen wir nur Philon von Alexandrien mit Namen kennen, kreieren in ihren Neuinszenierungen biblischer Figuren Collagen: Versatzstücke unterschiedlicher Provenienz – Motive aus anderen Kulturen, Ideen aus der eigenen, aktuellen Erlebniswelt – werden zu einem neuen Ganzen verbunden. In diesem Sinne ist der Titel des Bandes gewählt. Die Vorlesungen leuchten biblische Variationen auf jüdischen Drehbühnen aus.

Die ersten drei Vorlesungen handeln in chronologischer Reihenfolge – wie sie im Folgenden erläutert wird – von Texten des *antiken Judemtums*. Dieser Epochenbegriff bedarf einer Erläuterung: Noch vor nicht allzu langer Zeit wurde in Forschung und Lehre zwischen den Epochen des alten Israel einerseits und des Spätjudentums andererseits unterschieden. Letzterer Begriff war polemisch aufgeladen: Er trug die Ansicht im Namen, dass das Judentum mit dem Fall des Zweiten Tempels und dem Beginn der rabbinischen Zeit sein Ende erreicht hatte. Auf das Spätjudentum folgte in jener Lesung das Urchristentum, das in erster Linie an die israelitische Zeit anknüpfte und mit dem Judentum kaum etwas gemein hatte. Heute findet der Begriff des Spätjudentums richtigerweise keine Verwendung mehr. Als Epochenbezeichnung für jene Jahrhunderte (2. Jh. v. Chr. – 2. Jh. n. Chr.) ist seit einiger Zeit, sicher auch als Korrektiv zur einstigen polemischen Nomenklatur, die Bezeichnung Frühjudentum gebräuchlich worden – gleichsam als Parallelepoche zum frühen Christentum. Der Begriff

Frühjudentum suggeriert freilich, dass in dieser Epoche die Anfänge des Judentums liegen und blendet die persische und frühhellenistische Zeit aus. Weit adäquater ist der Epochenbegriff „Antikes Judentum“, der weiter in die Epochenabschnitte „Zeit des Zweiten Tempels“ und, in die Spätantike reichend, „Rabbinisches Judentum“ unterteilt werden kann. Die ersten drei Vorlesungen handeln von Texten des antiken Judentums. Die vierte Vorlesung nimmt mit dem *Josippon* zum Schluss einen deutlich späteren, mittelalterlichen, sich aber stark an der Antike orientierenden Text in den Blick.

Ich hatte die Einladung, 2010 an der Universität Jena die Tria Corda-Vorlesungen zu Judentum, Antike und Christentum zu halten, sehr gerne angenommen. Es war mir eine Ehre und Freude, an diesem Ort großer Gelehrsamkeit vier Vorlesungen halten zu dürfen. Ich möchte mich bei den beteiligten Lehrstühlen der Philosophischen und der Theologischen Fakultät herzlich bedanken. Mein Dank gilt zuerst Professor Meinolf Vielberg vom Institut für Altertumswissenschaften (Latinistik), der mich nicht nur nach Jena eingeladen, sondern mir auch durch kundige Führungen diese schöne Stadt näher gebracht hat. Ein besonderer Dank geht auch an Professor Karl-Wilhelm Niebuhr und Professor Manuel Vogel, Neues Testament, die mir während meines Aufenthalts in Jena anregende Gesprächspartner waren. Dass bis zur Drucklegung nun doch drei Jahre vergingen, ist einer Vielzahl von Pflichten in Administration und Lehre, aber auch dem vorgängigen Abschluss anderer Projekte zu „verdanken“. Der Vorlesungsstil ist weitgehend beibehalten, Fußnoten sind eher zurückhaltend verwendet worden. Meiner philologischen Provenienz entsprechend wird in allen Vorlesungen nahe an den Texten gearbeitet, die auch öfter ausführlicher zitiert werden. Alle Übersetzungen aus dem

Hebräischen, Griechischen und Lateinischen stammen von mir (mit Ausnahme der Bibelzitate, die der Zürcher Bibelübersetzung von 2007 folgen). Bei der Durchsicht des Manuskripts und der Drucklegung waren dankenswerterweise Eva Tyrell, Absolventin des Masterstudiengangs „Ancient Judaism“ an der Universität Bern, und Christian Eobaldt, Universität Jena, behilflich. Ich freue mich, dass dieser Band im Hause Mohr Siebeck erscheinen darf, und danke Dr. Henning Ziebritzki für kundige Ratschläge beim Abschluss der Arbeiten. Meiner Frau Sara, meinem *hermaion*, danke ich von Herzen für ihre unentwegte Unterstützung. Das Buch sei unseren drei Söhnen gewidmet.

Bern, Ende Juni 2013 René Bloch

Inhaltsverzeichnis

1. *Joseph und Aseneth:* ein früher jüdischer Liebesroman

Als ein besonders markantes Beispiel dafür, wie in der Antike die Tora von jüdischen Autoren aufgenommen und in einem neuen Kontext literarisch verarbeitet wurde, kann ein antiker jüdischer Liebesroman dienen: *Joseph und Aseneth*. Der Text, der vor allem durch seinen Inhalt, weniger durch seine Sprache fasziniert, ist in der Forschung keineswegs unbeachtet geblieben. Gerade in jüngerer Zeit ist eine Reihe von hilfreichen Beiträgen zu diesem in vielerlei Hinsicht überraschenden Text erschienen – freilich, ohne dass sich die dringendsten Fragen geklärt hätten.[1] Umstritten sind insbesondere die Intentionen von *Joseph und Aseneth*. Was wollte der für uns namentlich nicht greifbare Autor[2] mit seinem Text bewirken? Die bisherige Forschung hat eine Vielzahl von Möglichkeiten in den Blick genommen: Will *Joseph und Aseneth*, wie vor allem in der früheren Forschung

---

[1] Lipsett (2011); Wetz (2010) mit Forschungsgeschichte (21–42); Reinmuth (2009); Zangenberg (2009); *Journal for the Study of the Pseudepigrapha* 15 (2005); Braginskaya (2005), russ. (*non vidi*, N. Braginskaya hat mir freundlicherweise eine Kopie ihres Papers „‚Joseph and Aseneth' in Greek literary history: the case of the ‚first novel'" zur Verfügung gestellt); Inowlocki (2002); Humphrey (2000). Im Folgenden wird nach der Ausgabe von Burchard (2003) zitiert (eine revidierte Fassung hierzu bietet Fink (2008)).

[2] Eine Autorin ist nicht ganz auszuschließen, aber angesichts der Autorschaft der sonstigen jüdisch-hellenistischen Literatur, soweit überliefert, unwahrscheinlich.

oft vertreten, etwa zur Konversion zum Judentum aufrufen, wäre also gleichsam ein Missionsroman? Oder will der Text zumindest für Akzeptanz von Konvertiten plädieren?[3] Beabsichtigt der Text eine Korrektur der biblischen Vorlage, nach der Joseph eine ägyptische Priestertochter heiratete?[4] Mit diesen Fragen verbunden ist jene nach der intendierten Leserschaft: Spricht der Text eher ein jüdisches oder eher ein nichtjüdisches Publikum an?[5] Und in welchem Verhältnis steht *Joseph und Aseneth* zum paganen griechischen Roman? Dass sich in unserem Text Parallelen zur Handvoll ganz überlieferter pagan-griechischer Romane finden, ist unbestritten.[6] Wie aber lassen sich diese Parallelen am besten erklären?

Joseph und Aseneth liegt eine biblische Text-Passage bzw. ein Problem zugrunde, das der biblische Text gar nicht als solches kennt: Nach dem Bericht in Genesis 41 erhält Joseph, der nach einem (gelinde gesagt) schwierigen Anfang am ägyptischen Hofe des Pharao eine erstaunliche Karriere bis zum zweiten Mann des Landes macht, im Alter von dreißig Jahren vom Pharao schließlich auch einen ägyptischen Namen sowie eine ägyptische Frau: „Und der Pharao nannte Josef Zafenat-Paneach und gab ihm Asenat, die Tochter Potiferas, des Priesters von On, zur Frau“ (Gen 41,45).

---

[3] Cf. den Forschungsüberblick von Vogel (2009) 26–27. Nach Vogel geht es in *Joseph und Aseneth* um „die Legitimation von jüdisch-nichtjüdischen Mischehen, die im Adressatenkreis von JosAs nicht unstrittig gewesen zu sein scheinen.“

[4] Zuletzt Burfeind (2009) 963: „Manifesting reservations about the marriage of Joseph to the gentile Asenath, the Hellenistic-Jewish story of Jos.Asen. shows how the idolatrous Egyptian converted to Judaism before she married Joseph.“

[5] Cf. die Dikussion dieser Frage zuletzt bei Zangenberg (2009) 118–120.

[6] So schon Philonenko (1968) 43–48.

Später erfährt man in der sogenannten Josephs-Novelle des Genesis-Buchs nur noch, dass aus der Verbindung von Josef und Asenat zwei Söhne hervorgingen (Gen 41,50; 46,20). Der biblische Text lässt diese Verbindung Josephs mit einer ägyptischen Priestertochter unkommentiert, den Autor von *Joseph und Aseneth* hingegen motiviert die kurze Bibelpassage zu einer recht langen Neuschaffung, in der die Konversion der ägyptischen Aseneth zum Judentum eine wichtige Stellung einnimmt. Eine Zusammenfassung unseres Romans ist am Platz:

Im ägyptischen Heliopolis treffen wir auf eine außerordentlich schöne, 18 Jahre junge Frau namens Aseneth. Sie ist Jungfrau, reich und von allen Männern begehrt, nicht zuletzt vom Sohn des Pharao, der im zweiten Teil der Geschichte die Liebe zwischen Joseph und Aseneth in erhebliche Gefahr bringen wird. Die Geschichte spielt in jenen sieben Jahren der Fülle in Ägypten, über die der biblische Text berichtet und in denen Joseph darauf achtet, dass Getreide für die sieben Hungersjahre, die folgen würden, gesammelt wird. In diesem Zusammenhang, um Getreide zu sammeln, kommt Joseph nach Heliopolis. Aseneths Vater Pentephres, ein Priester der Stadt, ergreift die Gelegenheit, um Joseph nach Hause einzuladen – in der Absicht, seine Tochter mit Joseph zu verkuppeln.

Aseneths Eltern kommen zur Zeit von Josephs Ankunft gerade von ihrem Ackergut heim. Da sieht Aseneth zwar noch nicht Joseph, aber die „guten Dinge“, die ihre Eltern vom Acker heimbringen: Trauben, Datteln, Feigen und Granatäpfel – „alle reif (ὡραῖα) und schön im Geschmack“ (4,2). Hier wird in bukolischer und sexueller Metaphorik (beides ist typisch für den antiken Roman) die Verbindung von Joseph und Aseneth vorbereitet, wie denn dieser Text überhaupt immer wieder voraus weist und trotz der zumeist sehr simplen Sprache durch einen ausgesprochen durchdachten Aufbau besticht. Das hier im Zusammenhang mit reifen Früchten verwendete Wort für „reif" wird in der griechischen Literatur auch im Zusammenhang mit Hochzeitsreife benutzt.[7] Gleich zu Beginn des Romans wird Aseneth als „Jungfrau von 18 Jahren, groß, in Blüte (ὡραία) und von sehr schönem Aussehen"[8] beschrieben. Aseneths Reife spiegelt sich in der Natur: „Ihre Brüste stehen schon wie reife Äpfel".[9] Insgesamt fällt das Stichwort „reif" (ὡραῖος) sechsmal in dieser Geschichte, die nicht zuletzt ein Reifetest für Aseneth, aber auch für Joseph ist.[10]

Die Vereinigung von Joseph und Aseneth wird freilich erst viel später in der Geschichte möglich. Denn der Liebe von Joseph und Aseneth steht neben der ägyptischen Herkunft der Aseneth ein weiteres, fundamentales Problem im Wege: Weder Aseneth noch Joseph interessieren sich für das andere Geschlecht:

Καὶ ἦν Ἀσενὲθ ἐξουθενοῦσα καὶ καταπτύουσα πάντα ἄνδρα καὶ ἦν ἀλαζὼν καὶ ὑπερήφανος πρὸς πάντα ἄνθρωπον.

Und Aseneth hielt Männer für nichts und verabscheute einen jeden, sie war eingebildet und hochmütig gegenüber jedem Menschen.[11]

Aseneth lebt im Obergeschoss eines hohen, unzugänglichen Turms, umgeben von einer hohen Mauer und gesichert durch eisenbeschlagene Tore und 18 „starke, bewaffnete Jünglinge" (2,11). Aseneth schläft in einem goldenen Bett, auf dem „ein Mann oder eine andere Frau niemals saß"

---

[7] So auch Inowlocki (2002) 64; cf. LSJ s. v. ὡραῖος III.

[8] JosAs 1,4

[9] JosAs 8,5. Die Edition von Fink (2008) streicht den nicht durchgehend überlieferten Vergleich „wie reife Äpfel".

[10] JosAs 1,4.5; 2,11; 4,2; 8,5; 22,7.

[11] JosAs 2,1.

(2,9) und das (*bereits*, könnte man sagen) gegen Osten ausgerichtet ist (2,8): Später wird sie von dort gegen Jerusalem hin beten können. Noch aber hängen an den Wänden ägyptische Götter, denen Aseneth täglich Opfer darbringt (2,3).

Als Aseneth vom Angebot ihres Vaters, Joseph zu heiraten, hört, ist sie außer sich (4,9): Sie beginnt heftig zu schwitzen, ihr Gesicht wird rot, sie ist ganz aufgeregt. Dabei ist Aseneth nicht einfach nur zornig, wie die meisten Übersetzungen suggerieren, sondern sie gerät in große Wallung.[12] Aseneth schaut, so der Text weiter, ihren Vater πλαγίως an: wohl nicht nur von der Seite, so die Grundbedeutung des Wortes, sondern „hinterlistig, mehrdeutig", was das Wort, gerade als Adverb, auch bedeuten kann.[13] Später, als Aseneth von heftiger Liebe zu Joseph ergriffen ist, wird sie ganz ähnlich reagieren: Auch dann (9,1) wird sie „fortlaufenden Schweiß" (ἱδρὼς συνεχής) schwitzen.

Als Aseneth den vor Schönheit strahlenden Joseph erblickt – sie will ihn eben trotz des scheinbaren Zorns sehen und tritt deswegen ans Fenster (5,2) –, bereut sie ihren Hochmut zutiefst und wird von heftiger Sehnsucht ergriffen. Freilich ist Joseph ebenso keusch, wie Aseneth es bis vor kurzem noch sein wollte. Da sieht Joseph, wie Aseneth am Fenster steht (die Fensterszene ist eine von vielen in diesem Stück, die man sich auch auf einer Bühne inszeniert vorstellen könnte[14]). Joseph befürchtet, dass auch Aseneth, wie offenbar so viele andere Frauen, ihn sexuell belästigen würde,[15] ist dann aber beruhigt, als er von Aseneths Vater

---

[12] JosAs 4,9: ἐθυμώθη ἐν ὀργῇ μεγάλῃ.

[13] LSJ, s. v. πλάγιος II; cf. Plut. Mor. 2,205b (Κικέρωνα πλαγίως τι εἰπόντα).

[14] Süsskind Raschkow hat 1817 (Breslau) auf Hebräisch, in Reimen und fünf Akten ein Drama „Joseph und Asenath" (יוסף ואסנת) verfasst.

[15] JosAs 7,2: μήποτε καὶ αὕτη ἐνοχλήσῃ με.

erfährt, dass diese „alle Männer hassend“ (7,8: μισοῦσα πάντα ἄνδρα) ist. Das ist sie indes längst nicht mehr; sie rennt auf Joseph zu, um ihn zu küssen, und auch dieser hat bereits jetzt, schon vor Aseneths Konversion, Mühe, seine Gefühle für Aseneth zu verstecken: Joseph zeigt sich zwar entrüstet, legt dabei aber seine rechte Hand wohl nicht nur abwehrend zwischen Aseneths Brüste, „die schon wie reife Äpfel standen“ (8,5).

In den nachfolgenden Kapiteln lässt Aseneth ihre ägyptische Religion hinter sich, und zwar auf dramatische Art und Weise: Sie schließt sich ein und kasteit sich beinahe zu Tode. Aseneth wirft ihre Wertsachen und Götzenbilder aus dem Fenster und liegt sieben Tage in Sack und Asche. In einem langen Sündenbekenntnis bittet Aseneth um Annahme beim jüdischen Gott. Jetzt ist Aseneth plötzlich im Stande, im jüdischen Gebetsritus zu beten (12,1): „Herr, der Gott der Ewigkeiten, der alles schuf und lebendig machte, der Lebenshauch all deiner Schöpfung gab“ usw. (12,1). Aseneths Gebet wird sogleich erhört: Es steigt ein Mensch (14,3: ἄνθρωπος) vom Himmel, der Aseneth auffordert, sich wieder anzukleiden. Aseneth erfährt, dass Gott sie angenommen hat. Der Mensch teilt ihr mit, dass ihr neuer Name nun „Stadt der Zuflucht“ (πόλις καταφυγῆς) sei und sie bald Joseph heiraten werde. Aseneth werde nicht die einzige sein, die sich zum Judentum bekehrt, sondern „viele Völker“ werden zum jüdischen Gott „Zuflucht nehmen“.[16]

Dann folgt ein magisches Zwischenspiel: Nachdem Aseneth ihren himmlischen Gast zum Essen eingeladen hat und dieser zu ihrem Ärgernis eine Honigwabe „bestellt“ – die Aseneth aber nicht auf Lager zu haben glaubt –, ist eine solche Honigwabe plötzlich da, sie füllt sich zudem immer

[16] JosAs 15,7: καταφεύξονται ἔθνη πολλά.

wieder von neuem. Bienen treten aus der Wabe und bauen auf Aseneths Mund eine weitere Wabe. Wie im paganen Mythos der „Bugonie“, nach dem aus dem Aas toter Rinder Bienen entstehen, symbolisieren die Bienen auch hier einen Neubeginn.[17] Aus dem ägyptischen Kadaver Aseneths entsteht die neue jüdische „Stadt der Zuflucht“.

Nun ist alles bereit für einen zweiten Versuch, Joseph kennen zu lernen. Aseneth kleidet sich als Braut und wird zu überirdischer Schönheit verwandelt (aus Angst, sie könnte ihre Schönheit wegspülen, wäscht sie sich nicht mehr: 18,10). Dann umarmen und küssen sich Joseph und Aseneth. Aber auch hier noch verzichtet der Text auf jeglichen Voyeurismus. Lapidar heißt es:

Καὶ ἐγένετο μετὰ ταῦτα εἰσῆλθεν Ἰωσὴφ πρὸς Ἀσενὲθ καὶ συνέλαβεν Ἀσενὲθ ἐκ τοῦ Ἰωσὴφ καὶ ἔτεκε τὸν Μανασσῆ καὶ τὸν Ἐφραὶμ τὸν ἀδελφὸν αὐτοῦ ἐν τῷ οἴκῳ τοῦ Ἰωσήφ.

Und es geschah danach: Joseph ging hinein zu Aseneth, und Aseneth empfing von Joseph und gebar den Manasse und den Ephraim, seinen Bruder, im Hause Josephs.[18]

An dieser Stelle hätten die Vorhänge fallen können. Doch es folgt – gleichsam als wäre sich der Autor zu später Stunde eines noch fehlenden Romanmotivs bewusst geworden – ein längeres Eifersuchtsdrama voller Intrigen. Der Erstgeborene des Pharao, der sich Chancen auf Aseneth ausgerechnet hatte, will die für ihn bittere Lage nicht akzeptieren. Er versucht, Josephs Brüder als Intriganten zu gewinnen. Der Plan wäre beinahe aufgegangen, aber Aseneth gelingt die Flucht.

---

[17] Die Bugonie ist insbesondere bei Vergil greifbar (Georgica 4,287–314), hat aber alexandrinisch-hellenistische Vorläufer: cf. Erren (2002) 897 sowie Wetz (2010) 177–179.

[18] JosAs 21,9. Cf. Gen 41,50: „Und Joseph wurden zwei Söhne geboren, bevor das Hungerjahr kam; Asenat, die Tochter Poti-Feras, des Priesters von On, gebar sie ihm“ (ebenso Gen 46,20).

Die ägyptischen Verfolger werden vom jüngsten Bruder Josephs, Benjamin, zurückgehalten. Der Sohn des Pharao wird von Benjamin schwer verletzt und beinahe getötet: Levi aber, der souveränste und umsichtigste von Josephs Brüdern, hält Benjamin davon ab, dem Pharaosohn den Todesstoß zu geben: Denn es geziemt sich nicht, „Böses mit Bösem zu vergelten" – ein ethisches Ideal, das auch von Aseneth vertreten wird.[19] Der Sohn des Pharao stirbt dann aber schließlich doch an seinen Wunden und der Pharao selbst folgt ihm aus Gram in den Tod. Und so wird Joseph für 48 Jahre König über Ägypten. Danach aber ging die Herrschaft wieder in die Pharaonenfamilie über, an den jüngeren Sohn des Pharao, zu dem Joseph stets wie ein Vater war.

Soweit die Geschichte, die so viel mehr als die Tora über die Beziehung zwischen Joseph und der ägyptischen Priestertochter Aseneth zu berichten weiß. Das wenige, das die Tora über unsere beiden Protagonisten erzählt, wird dabei erst noch umgedreht: Während nach Genesis 41,45 Joseph eine ägyptische Priestertochter heiratet und einen neuen Namen erhält, heiratet er hier nun eine *Jüdin*, und es ist sie, *Aseneth*, die ihren Namen ändert.

Joseph und Aseneth ist kein Midrasch: Unser Text will die biblische Episode weder deuten noch deren Leerstellen füllen. Schon die bloße Zusammenfassung hat ein Element verdeutlicht, das in der Forschung zu oft ignoriert wird: Dieser Text will offenbar unterhalten. Die Geschichte von Joseph und Aseneth ist bei aller sprachlichen Begrenztheit spannend und kurzweilig. Es handelt sich nicht zuletzt um ein Stück Unterhaltungsliteratur. Ein uns unbekannter

---

[19] JosAs 23,9: καὶ οὐ προσήκει ἡμῖν ἀποδοῦναι κακὸν ἀντὶ κακοῦ; in Aseneths Worten: 28,5.7.10.14. Ein christlicher Beleg für diese Maxime findet sich, in identischen Worten, in Röm 12,17 (μηδενὶ κακὸν ἀντὶ κακοῦ ἀποδιδόντες). Cf. Niebuhr (2009) 195.

Autor hat im biblischen Motiv des ungleichen Paars Joseph und Aseneth das literarische Potential für einen Liebesroman ausgemacht.

Joseph und Aseneth als Roman

Es ist nicht einfach, *Joseph und Aseneth* einem bestimmten literarischen Genre zuzuordnen. Am passendsten ist aber sicher jenes des antiken Romans. Wir sind in Titel und bisheriger Argumentation von dieser Überzeugung ausgegangen, müssen sie nun aber noch genauer rechtfertigen. Die Frage, ob *Joseph und Aseneth* als Roman verstanden werden soll, ist umstritten.[20] Der Antike war die Gattung „Roman" unbekannt; in der Klassischen Philologie wird sie in aller Regel auf einige wenige Texte eingeschränkt, die in etwa folgender Definition von Niklas Holzberg entsprechen:

> „Als ‚antiken Roman' begreife ich eine frei erfundene längere Prosaerzählung, in der erotische Motive und eine Serie meist auf Reisen erlebter Abenteuer, bei denen sich bestimmte Typen unterscheiden lassen, das Geschehen beherrschen. Die Protagonisten beziehungsweise der Protagonist agieren in einer als real existierend dargestellten Welt, die, auch wenn das Geschehen in einer für Autor und Leser vergangenen Zeit spielt (was in mehreren Texten, aber nicht immer der Fall ist), im wesentlichen die Erfahrungswelt der frühkaiserzeitlichen Gesellschaft des Mittelmeerraumes widerspiegelt. Das Menschenbild entspricht entweder einer idealisierenden oder einer komisch-realistischen Sichtweise."[21]

Joseph und Aseneth wird in den Altertumswissenschaften in der Regel freilich nicht zum Corpus der antiken Romane gezählt; allenfalls wird der Text der wenig ehrenhaften

---

[20] Burchard (1996) xxiii.

[21] Holzberg (2006) 39.

Gruppe der „Schwellenromane" („fringe novels") zugeordnet.[22] Tatsächlich haben insbesondere die fünf vollständig erhaltenen sogenannten idealen Liebesromane – Charitons *Kallirhoë*; Xenophons *Ephesiaka*; Achilleus Tatios' *Leukippe und Kleitophon*; Longos' *Daphnis und Chloë* und Heliodors *Aithiopika* – viel gemeinsam, und man kann sie sich, obwohl doch über einen größeren Zeitraum entstanden, gleichsam als fünfbändige Ausgabe des griechischen Liebesromans vorstellen. Und tatsächlich unterscheidet sich *Joseph und Aseneth* in einigen Punkten von den „big five"[23]: Der Text ist sprachlich simpler und auch kürzer; und er ist mehr bzw. noch mehr als die pagan-griechischen Romane vor einem religiösen Hintergrund verfasst. Denn wie Froma Zeitlin zurecht festhält, ist der antike Roman generell voller Tempel, Schreine, Altäre, Priester, Rituale, Opfer, Träume, Orakel, Prophezeiungen, Epiphanien, Aretalogien und mystischer Sprache.[24] In Heliodors *Aithiopika* werden die Protagonisten Theagenes und Charikleia zum Schluss zu Priestern geweiht (sogar der Räuberchef Thyamis ist ein Priester[25]), und die Romane des Chariton sowie Xenophon beginnen und enden in einem Heiligtum.[26] *Joseph und Aseneth* fällt bezüglich der religiösen Ausstaffierung also nur bedingt aus der Reihe.[27]

---

[22] Cf. zuletzt Tilg (2010) 2–3; Zeitlin (2008) 106–107. Zu den „Schwellenromanen" cf. Karla (2009).

[23] Tilg (2010) 2.

[24] Zeitlin (2008) 91.

[25] Zeitlin (2008) 104.

[26] Harrison (2007) 208.

[27] Dass der antike Roman in seinem Ursprung gar als religiöser Propaganda- oder Mysterientext zu lesen wäre, wird heute nicht mehr vertreten. Merkelbach (1962) verstand die antiken Romane als codierte Mysterientexte, verständlich nur für die Initianden des entsprechenden Kults. Merkelbach ging auf *Joseph und Aseneth* nicht ein. JosAs be-

Nimmt man gängige Definitionen des antiken Romans wie jene von Niklas Holzberg als Orientierungspunkt, so fallen neben Unterschieden vor allem Gemeinsamkeiten zwischen *Joseph und Aseneth* und den „etablierten“ griechischen Romanen ins Auge. Einige Parallelen zum antiken Roman sind auch schon früh zur Kenntnis genommen worden: Die edle Herkunft des späteren Liebespaares, dessen Schönheit und die Umwerbung der jungen Frau durch Nebenbuhler gehören ebenso zu den Charakteristika des antiken Romans wie die Jungfräulichkeit der Protagonistinnen und Protagonisten, der „coup de foudre“, das Liebesleid, der Kuss, die Trennung, die skrupellosen Intrigen. Marc Philonenko, der Herausgeber der französischen Ausgabe von 1968, hat, wenn auch nur sehr knapp, auf solche Parallelen hingewiesen.[28] Allerdings – und hier irrte Philonenko – verstand er *Joseph und Aseneth* letztlich deswegen nicht als ein typisches Beispiel eines antiken Romans, weil er die lang währende Keuschheit der beiden Protagonisten als wesentlichen Unterschied zum gängigen griechischen Roman las: „Après tant de romans libertins, c'est un roman puritain qui est proposé au lecteur.“[29] Auch in der neueren Forschung wird auf die „prüden“ Charaktere als Argument gegen eine Zuordnung in die Gruppe der antiken Liebesromane verwiesen.[30] Dass *Joseph und Aseneth* durchaus erotische Momente kennt, hat freilich nur schon unsere Zusammenfassung gezeigt. Zudem gilt es darauf hinzuweisen, dass zumindest der so genannte „idealisierende“

absichtigt jedenfalls weder ein Mysterium noch religiöse Propaganda zu sein.

[28] Philonenko (1968) 43.

[29] Philonenko (1968) 44.

[30] Barclay (1996) 205 („somewhat prudish depiction of the heroes“).

Roman sich keineswegs durch besonders frivole Szenen auszeichnet. Im Gegenteil: Die ständig bedrohte, aber nie aufgegebene Keuschheit ist im idealisierenden Roman geradezu ein Leitmotiv. So steht in den *Ephesiaka* des Xenophon von Ephesos die Keuschheit der beiden Helden Habrokomes und Anthia dauernd in Gefahr (beide werden von der Liebe Dritter umworben), kippt aber bis zum Schluss nicht. Charikleia hält in Heliodors *Aithiopika* ihrem geliebten Theagenes nicht nur über 10 Bücher die Treue, sondern ist auch innerhalb ihrer Verbindung mit Theagenes äußerst zurückhaltend. In Longos' *Daphnis und Chloë* kann sich Daphnis noch im 4. Buch, kurz vor Ende des Romans, Eros verweigern, weil er den richtigen Moment (καιρόν) abwarten möchte.[31] Erst ganz zum Schluss des Romans umarmen und küssen sich Daphnis und Chloë: „sie umarmten einander und küssten sich".[32] Und ebenso endet die gegenseitige Sehnsucht von Joseph und Aseneth: „sie küssten sich lange Zeit (…) und umarmten sich lange Zeit".[33]

Joseph und Aseneth ist nicht „puritanischer" als der idealisierende hellenistische Roman. In letzterem gehen wie im Falle von *Joseph und Aseneth* Liebe und Sehnsucht – auch stark erotische Andeutungen – mit einer Beschützung der Keuschheit einher. Frivolere Szenen sind dann vor allem ein Charakteristikum des *komisch-realistischen* Romans (man denke an Petrons *Satyrica*), der den idealisierenden Roman

---

[31] Longus, Daphnis et Chloe 4,26,4: οὔπω δὲ ὡμολόγει τὸν ἔρωτα, καιρὸν παραφυλάττων.

[32] Longus, Daphnis et Chloe 4,40,3: περιέβαλλον ἀλλήλους καὶ κατεφίλουν.

[33] JosAs 19,10–20,1: ἠσπάσαντο ἀλλήλους ἐπιπολύ (…) καὶ περιεπλάκησαν ἀλλήλοις ἐπιπολύ. Zuvor hatten Joseph und Daphnis Aseneth bzw. Chloë aufgrund ihrer alles überragenden Schönheit kaum wiedererkannt: JosAs 19,4; Longus, Daphnis et Chloë 4,32,1.

zu parodieren scheint.[34] In der Klassischen Philologie ist *Joseph und Aseneth* zu Unrecht nicht in den etwas zu strikt kategorisierten Kanon des antiken Romans aufgenommen worden. Denn bei allen Unterschieden teilt *Joseph und Aseneth* vieles, was nach gängiger Ansicht einen antiken Roman ausmacht. Die Altphilologin Stephanie West hat in einem kurzen, aber prägnanten Artikel vor bald 40 Jahren vehement gegen eine Ignorierung von *Joseph und Aseneth* als griechischem Roman aufgerufen, blieb aber mehrheitlich unerhört. Es ist Zeit für einen erneuten Ausruf.[35]

Man hat moniert, dass es in diesem Text in erster Linie um die Konversion der Aseneth ginge, ja dass es sich um ein Stück jüdischer Missionsliteratur handle. Dagegen spricht aber schon der Umstand, dass Aseneth sich aus freien Stücken zum Judentum bekehrt: Hier geht es nicht um Proselytismus, nicht um Mission. Die Konversion Aseneths nimmt einen wichtigen Platz im Text ein, sie ist dabei aber vor allem auch die notwendige *Überwindung* des Hindernisses, das der Ehe mit Joseph im Wege steht. Dies aber, das Meistern von Schwierigkeiten, die der Ehe im Wege stehen, ist ein wesentliches Motiv des antiken Romans. Hier sind es zwar im Gegensatz zu vielen antiken Romanen keine abenteuerlichen Reisen (wobei in der Tat auch Joseph auf Reisen geht), keine Schiffsbrüche, die überstanden werden

[34] Holzberg (2006) 80–111.

[35] West (1974). Daran anschließend hat Heszer (1997) *JosAs* ebenfalls in den breiteren Kontext des griechischen Romans gestellt. Natürlich erinnert schon der Titel von *Joseph und Aseneth* an Romane wie *Leukippe und Kleitophon* von Achilleus Tatios oder an *Daphnis und Chloë* des Longos. Der ursprüngliche Titel unseres Textes ist allerdings nicht eruierbar. Die Überschrift *Joseph und Aseneth* hat sich in der Forschung seit langer Zeit etabliert, ohne dass damit stets die Ansicht einherginge, es handle sich um einen antiken jüdischen *Roman*.

müssen. Es ist aber, insbesondere im Falle der Aseneth, eine *innere* Reise, die es zu überstehen gilt. Und auch dies ist so ungewöhnlich nicht für den antiken Roman: Longos' *Daphnis und Chloë* ist ebenso eher eine Reise in der Zeit als im Raum.[36] Gerade mit der an ihrer Liebe zu Daphnis beinahe vergehenden Chloë hat die Aseneth-Figur einiges gemeinsam. Und natürlich fühlen sich sowohl Joseph als auch Aseneth – auf unterschiedliche Art und Weise und ohne es explizit zu erkennen zu geben – zwischen verschiedenen Wünschen hin- und hergerissen: Das Interesse, das Joseph und Aseneth zumindest in Ansätzen von Beginn weg füreinander zeigen, steht in Kontrast zu anderen Ansprüchen; religiösen (Joseph) oder sozialen (Aseneth). Solche „conflicted desires"[37] sind ein weiteres Kennzeichen des antiken Romans. Auch die Beschreibung Josephs und Aseneths als Sohn bzw. Tochter Gottes ist so ungewöhnlich nicht für den antiken Roman: Die Protagonisten des antiken Romans konnten „mit sagenumwobenen jungen Heroen und Heroinnen oder sogar mit Göttern oder ihren Statuen verglichen" werden.[38]

Ein Roman-Motiv in *Joseph und Aseneth*, auf das es noch verstärkt hinzuweisen gilt, betrifft den anfänglich vehementen Liebesverzicht der Protagonisten. Sowohl Joseph als auch Aseneth verweigern sich dem anderen Geschlecht. Vor allem *Aseneths* Desinteresse an der Liebe wird zu Beginn hervorgehoben. Aseneth negiert dabei – dies ist zentral – sowohl den jüdischen Gott wie auch die Liebe. Und für beides wird sie bestraft: Sie verliebt sich heftig und tut Buße, indem sie den jüdischen Gott anerkennt. Dass dieser Gott

---

[36] Reardon (1969) 301: „Daphnis and Chloë embark on a journey not in space, but in time" (zitiert nach Holzberg (2006) 111).

[37] Whitmarsh (2011) 18–19.

[38] Bierl (2009) 710–11. JosAs 18,11; 21,4; 23,11.

die Geschicke der Liebe zwischen Joseph und Aseneth lenkt, wird spätestens dann ersichtlich, wenn sein himmlischer Gesandter Aseneth für die Ehe vorbereitet (etwa wie Amor im Märchen *Amor und Psyche* des Apuleius, nur dass sich der Bote des jüdischen Gottes nicht selbst verliebt).

Die anfängliche Liebesverneinung der Protagonisten ist ein aus dem antiken Roman wohl vertrautes Motiv. Ein *locus classicus* hierfür ist Habrokomes, der Jüngling aus Xenophons *Ephesiaka*, der sich für alles (vor allem sich selbst), nur nicht für die Liebe interessiert, ja Eros gar nicht als Gott anerkennt, ihn gänzlich verbannt und für ein Nichts hält.[39] Dem entspricht die Charakterisierung des unberührten und zumindest vor nichtjüdischen Frauen sich heftig scheuenden Joseph[40], vor allem aber jene Aseneths: „Und Aseneth hielt Männer für nichts und verabscheute einen jeden".[41] Aseneth gleicht darin, wie S. West festhielt, Chariklea in Heliodors *Aithiopika*: „(…) sie (Chariklea) hält die Jungfräulichkeit hoch, vergöttlicht sie und zählt sie beinahe zu den Unsterblichen; sie hält sie für etwas Unbeflecktes, Unberührtes und Reines, Eros und Aphrodite aber sowie jedes Hochzeitsfest wünscht sie zum Kuckuck."[42] Mit anderen Worten: Auch Chariklea huldigte zuerst einer falschen Gottheit – der Jungfräulichkeit –, bevor sie den richtigen Gott erkannte (Eros bzw. Aphrodite).

---

[39] Xenophon, *Ephesiaka* 1,1,5: „Auch anerkannte er (Habrokomes) Eros nicht als Gott an, sondern verwarf ihn gänzlich und hielt ihn für ein Nichts" (Ἐρωτά γε μὴν οὐδὲ ἐνόμιζεν εἶναι θεόν, ἀλλὰ πάντη ἐξέβαλεν ὡς οὐδὲν ἡγούμενος). West (1974) 72.

[40] JosAs 4,7; 7,4.

[41] JosAs 2,1.

[42] Chariklea bei Heliodor, 2,33: (…) ἐπανατείνεται ἐκθειάζουσα μὲν παρθενίαν καὶ ἐγγὺς ἀθανάτων ἀποφαίνουσα, ἄχραντον καὶ ἀκήρατον καὶ ἀδιάφθορον ὀνομάζουσα, Ἔρωτα δὲ καὶ Ἀφροδίτην καὶ πάντα γαμήλιον θίασον ἀποσκορακίζουσα. Cf. West (1974) 72.

Diese Form von Hybris ist auch der griechischen Mythologie und der griechischen Tragödie wohl bekannt: Hippolytos, der nur Artemis huldigt, wird für die Geringschätzung von Aphrodite furchtbar bestraft.[43] Solche Hybris ist auch Gottesverneinung. Und es ist eben diese Kombination der Negierung von Liebe und Gott, die wir zu Beginn auch bei Aseneth vorfinden. Über dem Geschehen des antiken Romans „walten", wie Niklas Holzberg schreibt, „zuweilen eine oder mehrere Gottheiten, die z. B. – wie schon in Homers *Odyssee* – dadurch, daß sie einem oder beiden Protagonisten wegen einer Verfehlung zürnen, die Abenteuerserie in Gang gesetzt haben."[44] Solches geschieht auch in *Joseph und Aseneth*.

Im Roman *Joseph und Aseneth* spielt die Religion zweifellos eine zentrale Rolle, aber auch hier rahmt das Liebesmotiv insbesondere den ersten Teil der Erzählung. Aseneth konvertiert nicht aus Liebe zum Judentum, sondern aus Liebe zu Joseph: Zu Beginn ist es die Schönheit des auf einem Wagen daherkommenden Joseph, die Aseneth verzweifeln lässt. Und am Ende ihres langen Monologes, in dem sie ihr Götzentum verdammt, hält sie schließlich ihre Liebe zu Joseph fest: „Ich liebe ihn über meine Seele".[45]

Auf weitere romanhafte Züge von *Joseph und Aseneth* ist nur in aller Kürze hinzuweisen: Wenn Aseneth aus Trauer und Liebeskummer zu essen und zu trinken aufhört und sich fast zu Tode kasteit, so ist dies ein aus dem antiken Roman wohlbekanntes Motiv. Fasttode gehören wie auch Selbstmordversuche und Scheintode zum festen Inventar des antiken Romans. Magische Szenen, vergleichbar mit

---

[43] Euripides, *Hippolytos*.

[44] Holzberg (2006) 21. Cf. auch Hezser (1997) 20–23.

[45] JosAs 13,15: ἐγὼ ἀγαπῶ αὐτὸν ὑπὲρ τὴν ψυχήν μου.

jener von der Honigwabe, kommen im antiken Roman ebenfalls nicht selten vor. Ferner fällt der „Austragungsort" von *Joseph und Aseneth* mit einer vom antiken Roman generell prädestinierten Gegend zusammen. Ein Großteil der antiken Romane spielt sich in Kleinasien und im Nahen Osten ab. Immer wieder tauchen die Romanfiguren in Ägypten auf: Dies ist der Fall in Charitons *Chaireas und Kallirhoë*, in Xenophons *Ephesiaka*, in Achilleus Tatios *Leukippe und Kleitophon* und besonders ausgeprägt in Heliodors *Aithiopika*.[46] Ägypten bot sich offenbar als attraktiver Raum für romanhafte Erzählungen an.[47]

Ägyptische Unruhe versus jüdische Souveränität

Marc Philonenkos „Après tant de romans libertins, c'est un roman puritain qui est proposé au lecteur" irrt nicht nur in Bezug auf die Einschätzung von *Joseph und Aseneth* als puritanischem Text, sondern auch in der Chronologie: Dass *Joseph und Aseneth* später als die meisten der uns bekannten hellenistischen Romane verfasst wurde, scheint mir sehr unwahrscheinlich. *Joseph und Aseneth* ist allerdings nicht leicht zu datieren. Der *Terminus post quem* ist ohne Zweifel die Septuaginta, die ab der Mitte des dritten Jh. v.Chr.

---

[46] Cf. die Karten im Anhang von Schmeling (2003).

[47] Cf. hierzu Kerényi (1973) 45: „unsere griechischen Romane spielen gleichsam in einem Halbkreise um Aegypten, dieses als Mittelpunkt miteinbegriffen." Dass der griechische Roman ägyptischen oder „orientalischen" Ursprungs sein müsste, wie Barns (1956) mit simplen Dichotomien vermutete (36: „It was the *Greeks* who were peculiar in their intellectual passion for facts and reasons; the Oriental world around them cared more for good stories; and of all Oriental peoples the Egyptians were second to none at telling them."), drängt sich nicht auf.

verfasst wurde und die dem Autor von *Joseph und Aseneth* vorlag. Doch wie weit in die hellenistische oder gar römische Zeit will man mit diesem Text gehen? Ross S. Kraemer hat in einer viel beachteten, aber kritisch aufgenommenen Studie den Text ins späte dritte oder frühe vierte Jh. n. Chr. gelegt.[48]

Es finden sich im Text keine eindeutigen Hinweise oder gar *Realia*, die eine genaue Datierung zulassen würden.[49] Der Roman lebt ja nicht zuletzt von der auch zeitlichen Fiktion. Dennoch lohnt es sich, im Hinblick auf eine zumindest ungefähre Datierung insbesondere die Charakterisierung der Protagonisten etwas genauer zu betrachten. Hier fällt zuerst einmal die konsequente Souveränität des Joseph in Raum und Zeit auf. Zwar durchläuft auch Joseph eine Entwicklung, aber diese bezieht sich ausschließlich auf seine Einstellung zu Aseneth.[50] Joseph wird durchweg als selbstbewusster und überlegener Stratege geschildert. Gleich zu Beginn erfährt man, dass Joseph im Auftrag des Pharao um das ganze Land reist[51], um Korn zu sammeln. Im Verlauf des Romans kommt und geht Joseph nach Belieben: Als er in Heliopolis einkehrt, bemüßigt er sich nicht, bei Pentephres Gastfreundschaft zu erbitten, sondern begrüßt diesen gleich wie folgt: „Bei dir werde ich einkehren, denn es ist Mittagsstunde".[52] Aseneths Vater Pentephres antwortet darauf sogleich mit einem Lobpreis auf den Gott Josephs. Wenn er

---

[48] Kraemer (1998).

[49] Cf. Gruen (1998) 93. Bohak (1996) verortet JosAs im unmittelbaren Kontext des Oniaden-Tempels von Heliopolis: „we may read it as a fictional history which ‚foretells,' and justifies, the establishment of the Jewish temple in Heliopolis" (102).

[50] Sowohl Joseph als auch Aseneth finden im Laufe des Romans ihre Geschlechterrollen. Zur Motivik solcher Entwicklungen im griechischen Roman cf. Lalanne (2006) sowie Bierl (2009) 718.

[51] JosAs 1,1: κυκλεῦσαι πᾶσαν τὴν γῆν Αἰγύπτου.

[52] JosAs 3,2.

seinerseits Joseph später anbietet, er möge doch über Nacht bleiben und sich bis am nächsten Morgen ausruhen, winkt Joseph sogleich ab.[53] Joseph ist nicht auf den ägyptischen Priester angewiesen. Auch als Pentephres nach der Konversion Aseneths die Hochzeit organisieren will und stolz verkündet, er würde die hohen Beamten Ägyptens einberufen, geht Joseph gar nicht erst darauf ein: Er würde einfach zum Pharao gehen, der ihn ja schließlich zum Herrscher über das ganze Land eingesetzt hat, und über Aseneth berichten. Und *er*, der Pharao, würde sie ihm zur Frau geben. Joseph strahlt Sicherheit und Souveränität aus.[54]

Dieser jüdische Roman wurde, wie eingangs erwähnt, von einer ganz kurzen Bibel-Passage hergeleitet: „Und der Pharao nannte Josef Zafenat-Paneach und gab ihm Asenat, die Tochter Poti-Feras, des Priesters von On, zur Frau“, heißt es in Gen 41,45. Der Autor unseres Romans dreht die Dinge kühn um: Nicht mehr der Jude Joseph erhält einen neuen, ägyptischen Namen, sondern die ägyptische Aseneth wird umbenannt; symbolisch für ihre Konversion erhält sie den Namen „Stadt der Zuflucht“. Die Richtung des Vektorpfeiles hat sich umgedreht: Nicht die Ägypter, sondern die Juden bestimmen die Regeln. So wird *Aseneth* umbenannt und muss zum Judentum konvertieren. Ähnlich ist eine weitere Umdrehung der biblischen Vorlage zu verstehen[55]: Bei seinem ersten Besuch bei Potifar lässt der Romanautor Joseph sich einen separaten Tisch ausbedingen (7,1)

διότι Ἰωσὴφ οὐ συνήσθιε μετὰ τῶν Αἰγυπτίων, ὅτι βδέλυγμα ἦν αὐτῷ τοῦτο.

denn Joseph aß nicht mit den Ägyptern, weil ihm dies ein Greuel war.

---

[53] JosAs 9,4f.

[54] JosAs 20,8f. So auch Gruen (1998) 97–98.

[55] Cf. Barclay (1996) 208.

In einer ähnlich formulierten Szene in der *biblischen* Josephsgeschichte sind es die *Ägypter*, die nicht mit den Hebräern essen wollen (Gen 43,32):

... כי לא יוכלון המצרים לאכל את העברים לחם כי תועבה הוא למצרים

... denn Ägypter dürfen nicht mit Hebräern essen, für Ägypten ist dies ein Greuel.

Man hat *Joseph und Aseneth* als ein Beispiel antagonistisch ausgerichteter jüdisch-hellenistischer Literatur verstanden.[56] Aber dagegen spricht etwa das friedliche Ende des Romans: Joseph wurde für den jüngeren Sohn des Pharao wie ein Vater.[57] Wenn man im Haus des ägyptischen Priesters Pentephres für den jüdischen Joseph einen separaten Tisch herbeiholt[58], geht es nicht nur um kultische Demarkationslinien, sondern es kommt erneut jüdisches Selbstvertrauen zum Ausdruck: Nicht mehr die Juden essen am Katzentisch, sondern die Ägypter servieren im eigenen Land „koscher".

Zu Beginn hatte die ägyptische Priestertochter Aseneth den Joseph noch verspottet: ein Hirtensohn aus Kanaan, ein Sträfling und weibischer Traumdeuter sei er; das wäre ihr doch zu wenig.[59] Fast zu spät macht sie sich dann deswegen Vorwürfe.[60] Aseneth bemerkt erst allmählich, dann aber in aller Deutlichkeit, dass Joseph keineswegs ein „nobody" ist. Und tatsächlich verdanken die Ägypter Joseph ihr Überleben: Hätte der jüdische Joseph nicht auf souveräne Weise die ägyptische Hungersnot vorausgesehen, wäre ganz Ägypten verhungert. Zu diesen Bildern jüdischer Souveränität passt das Ende des Romans: Die ägyptischen Intrigen

[56] Barclay (1996) 204–216.
[57] JosAs 29,9.
[58] JosAs 7,1: τράπεζαν κατ' ἰδίαν.
[59] JosAs 4,10–11.
[60] JosAs 6,2.

scheitern, die Juden gehen siegreich aus dem Kampf hervor. Die Geschichte kann es sich sogar leisten, den böswilligen Sohn des Pharao im Kampf zu verschonen. Er stirbt am Ende von alleine.[61] Und so kann Joseph zum Schluss gar König über Ägypten werden, während der biblische Text und auch die jüdisch-hellenistische Literatur sonst nicht daran zweifelten, dass Joseph doch stets hinter dem Pharao eingeordnet blieb.[62] Natürlich muss es bei einem jüdischen *Interregnum* bleiben, die spätere ägyptisch-ptolemäische Herrschaft wäre sonst erklärungsbedürftig.

Joseph agiert also souverän in Zeit und Raum. Ganz anders die ägyptische Aseneth: Sie ist in Eile. Obwohl sie im ersten Teil des Romans nicht über den Elternhof hinauskommt, rennt sie. Immer wieder kommt das Verb „eilen" (σπεύδω) zur Anwendung. Allein die Wendung „und es eilte Aseneth" kommt neunmal im Text vor.[63] Aseneth rennt von Zimmer zu Zimmer, Treppen hoch und Treppen herunter. Sie ist damit nicht alleine: Auch die anderen Ägypter, ihr Vater Pentephres und der Sohn des Pharaos, sind mitunter in Eile.[64] Mit ihrer Konversion zum Judentum legt Aseneth ihre Eile dann allmählich ab und die Verbindung mit Joseph bringt ihr Ruhe ein – wie sich dies Joseph von Beginn weg für sie gewünscht hatte. In seinem Gebet zu Gott spricht Joseph über Aseneth: „und sie möge zu deiner *Ruhe* ein-

---

[61] JosAs 29,7.

[62] Cf. Gen 41,43; Philon von Alexandrien, Ios. 148 (Joseph besteigt den zweiten königlichen Wagen, als Staatsmann hinter dem Herrscher)

[63] καὶ ἔσπευσεν Ἀσενέθ: 3,6; 10,2; 10,10.12; 14,14; 15,15; 16,1; 18,2; 19,2; cf. zudem 4,1; 9,1; 18,5.

[64] JosAs 3,4 (Pentephres zu seinem Hausverwalter); 10,4 (Aseneth's Lieblings„schwester"); 18,2 (Aseneth zu ihrem Erzieher); 25,4 (Sohn des Pharao).

kehren, die du deinen Auserwählten bereitet hast."[65] Als Partnerin Josephs ist sie dann auch imstande, mit ihm im Gleichschritt zu gehen: Gegen Ende des Romans – inmitten der gefährlichen Intrigengeschichte – geht Aseneth wie Joseph ihren Weg: „Und Aseneth ging ihres Weges und Joseph ging zu seiner Getreideausgabe."[66] Sie ist dann sogar imstande, andere zu beruhigen. Dan und Gad, die gegen Joseph und Aseneth zu intrigieren bereit waren, werden von Aseneth beruhigt: Sie wolle den Zorn ihrer Brüder „zur Ruhe bringen".[67] Diese vom Judentum ausgehende Ruhe steht auch hinter dem neuen Namen Aseneths: Sie ist die „Stadt der Zuflucht".[68] Diese Metamorphose von der umherschwirrenden ägyptischen Priestertochter zur ruhigen jüdischen Ehefrau wird gleichsam durch die Bienen, die Aseneth „umschwirrten"[69], symbolisiert. Nach ihrem Sündenbekenntnis und mit ihrer Bereitschaft, dem Gott der Juden zu folgen, steht Aseneth nun auf sicherem Fuß: Die Bienen schwirren umher, Aseneth schon bald nicht mehr. Sicher steht hinter Aseneths anfänglicher Eile auch der patriarchalische Geschlechterdiskurs dieses Textes. Aseneth erreicht ihr Ziel mithin dann, wenn sie Josephs Bett überziehen und seine Füße waschen darf.[70] Aseneth eilt nicht immer von sich aus: Als sie ihrem himmlischen Besuch Wein aus ihrer Vorratskammer holen will, ruft ihr dieser zu: „Eile und bringe sofort!"[71] Aber Aseneths Eile ist

[65] JosAs 8,9: καὶ εἰσελθέτω εἰς τὴν κατάπαυσίν σου.

[66] JosAs 26,4: καὶ ἀπῆλθεν Ἀσενὲθ ἐπὶ τὴν ὁδὸν αὐτῆς καὶ Ἰωσὴφ ἀπῆλθεν ἐπὶ τὴν σιτοδοσίαν αὐτοῦ.

[67] JosAs 28,7: καταπαύσω τὴν ὀργὴν αὐτῶν.

[68] JosAs 15,7.

[69] JosAs 16,19.

[70] JosAs 13,15 (Schluss von Aseneths Sündenbekenntnis).

[71] JosAs 15,15.

keineswegs immer befohlen. Ihre Unruhe erklärt sich nicht in erster Linie durch das im ersten Teil des Romans evidente „Untergebenheitsverhältnis“.[72]

Der Roman zeichnet ein ägyptisches Judentum, das souverän und ruhig, gleichsam stoisch, agiert. Im letzten Teil des Romans symbolisiert Levi, der sich durch nichts aus der Ruhe bringen lässt, diese Besonnenheit. Und eben auch die zum Judentum konvertierte Aseneth, die seit ihrer Intimität mit Joseph Ruhe ausstrahlt. Aus *Joseph und Aseneth* spricht ein selbstbewusstes Diaspora-Judentum, das weniger an einer Konfrontation mit den Ägyptern interessiert ist als daran, jüdische Präsenz zu markieren – wohl nicht in erster Linie gegen außen, sondern viel eher im inneren Dialog mit einer jüdischen Leserschaft. Der Text sucht keine Auseinandersetzung mit den Ägyptern: Der Roman endet mit einem denkbar friedlichen Bild. Nach den 48 Jahren Königsherrschaft des Joseph übernimmt die Pharaonenfamilie wieder das Szepter; Joseph habe sich in der Zwischenzeit um seinen ägyptischen Nachfolger gekümmert wie ein Vater um seinen Sohn.

Freilich ist im Auge zu behalten, dass diese Souveränität zu einem Teil sicher auch eine inszenierte ist. Dass die Juden auch in Ägypten eine Minderheit waren, die ihr Handeln gegenüber der polytheistischen Mehrheit abwägen musste, zeigt sich in Aseneths Zögern, dem monotheistischen Gott zu folgen. Aseneth wagt sich – das griechische Verb (τολμάω) fällt mehrfach – nur langsam an den Monotheismus heran.[73] Ähnlich ist bei Flavius Josephus Abrahams Monotheismus ein Wagnis: „Als erster *wagte* es Abraham zu behaupten, es

[72] Standhartinger (1995) 104–105.

[73] JosAs 11,9.11.14.18 (jeweils Formen von τολμάω, „wagen“).

gebe einen einzigen Gott, der die Welt erschaffen habe."[74] Die Juden waren sich in der Antike bewusst, dass der Monotheismus aus der Reihe fiel, und er blieb entsprechend auch eine leise Idee.

Wie ist dies alles nun für die Datierung des Romans zu deuten? Wenn davon ausgegangen werden kann, dass auch *Joseph und Aseneth* wie der größte Teil der jüdisch-hellenistischen Literatur in Ägypten, am ehesten in Alexandrien, verfasst wurde, so ist eine Datierung in römischer Zeit unwahrscheinlich. In römischer Zeit kam es zu einer allmählichen, schließlich erheblichen Verschlechterung der Stellung der Juden in Alexandrien, die im antijüdischen Pogrom im Jahre 38 und dann in den Diaspora-Aufständen unter Kaiser Trajan (115–117 n. Chr.) ihre negativen Höhepunkte hatte. *Joseph und Aseneth* spiegelt nicht die Konflikte der ersten beiden nachchristlichen Jahrhunderte wider. Viel wahrscheinlicher ist, dass dieser jüdische Roman in der für die Juden friedlicheren ptolemäischen Zeit entstanden ist, in der sich auch sonst eine breite jüdisch-hellenistische Literatur entfalten konnte.[75] Insbesondere das Theaterstück *Exagoge* des jüdischen Tragikers Ezechiel, in dem der souveräne Moses und die ernüchterten Ägypter ausgekostet werden, hat mit *Joseph und Aseneth* manches gemeinsam.[76] Beide Texte sind Beispiele – Artapanus und der Aristeas-Brief wären weitere – jüdisch-ptolemäischer Fiktion und

[74] Josephus, Antiquitates Iudaicae 1,155: πρῶτος οὖν τολμᾷ θεὸν ἀποφήνασθαι δημιουργὸν τῶν ὅλων ἕνα.

[75] Ähnlich auch West (1974) 81.

[76] In JosAs segnet der Pharao in jüdischem Gebetsritus das glückliche Paar (21,6: „Der Herr, der höchste Gott, segne Euch …"); in Ezechiels *Exagoge* berichtet ein ägyptischer Bote nach dem Schilfmeerwunder vom überragenden Gott der Hebräer (193–242).

literarischer Spielerei.[77] *Joseph und Aseneth* dürfte ebenfalls ein jüdisch-hellenistischer Text der vorchristlichen Zeit, aus dem zweiten oder ersten Jh. v. Chr. sein.

Der erste antike Roman?

Wenn diese Datierung richtig ist, handelt es sich bei *Joseph und Aseneth* um ein frühes Beispiel der antiken Romanliteratur. Von den üblicherweise zum Corpus der griechisch-römischen Romane gezählten Texten stammen die frühesten, jene des Chariton, Xenophon und Achilleus Tatios, aus dem ersten oder zweiten Jh. n. Chr. Im Fall des fragmentarisch erhaltenen Romans des Ninos wird gelegentlich das erste Jh. v. Chr. als Entstehungszeit postuliert. Die übrigen Romane sind aus teils beträchtlich späterer Zeit.[78] Steht *Joseph und Aseneth* somit gar am Anfang der antiken Roman-Literatur? Ist der Roman eine jüdische Erfindung?

In der klassisch-philologischen Romanforschung wird *Joseph und Aseneth* (zusammen mit anderen „scheinbaren" Romanen) zumeist rasch abgewickelt. Stephan Tilg hält auf der Suche nach dem ersten antiken Roman, den er unzweifelhaft in Chariton aus Aphrodisias festmachen kann, eingangs fest:

„A large number of prose fictions can easily be ruled out for my purposes: historiographical writing like Xenophon's *Cyropaedia*, the *Alexander Romance*, or the *Troy Romances* by Dictys and Dares; biographies like the *Life of Aesop*; Jewish and Christian narrative with

[77] Zu jüdisch-hellenistischen Neufassungen biblischer Themen ausführlich Gruen (1998).

[78] Cf. die zusammenfassenden Bemerkungen bei Harrison (2007) 204; zum Ninos-Roman: Stephens / Winkler (1995) 23; Whitmarsh (2011) 382–383.

its transcendental concern – essentially all the texts that have often been subsumed under the heading of ‚fringe novels'. This is not to say that these texts are less important or that they do not share any characteristics with the ideal love novels. They are just too different to fall within the category described above, or indeed to be considered ‚novels' at all."[79]

Richtig ist, dass *Joseph und Aseneth* sich von den späteren, „klassischen" Romanen in einigen Punkten, auf die wir teilweise schon verwiesen haben, unterscheidet: Sprachlich und stilistisch fällt der Text gegenüber den anderen teils deutlich ab. Zudem steht in *Joseph und Aseneth* Religiöses besonders stark im Zentrum. Tatsächlich haben die fünf erhaltenen idealen Liebesromane auch inhaltlich miteinander mehr gemeinsam als mit *Joseph und Aseneth*. Der Kontext von letzterem ist nicht die pagane Götterwelt, sondern die jüdisch-monotheistische. Dennoch entspricht auch *Joseph und Aseneth*, wie gesehen, den Charakteristika des antiken Liebesromans. Es handelt sich um ein jüdisches Beispiel eines antiken Liebesromans.

Joseph und Aseneth ist keine jüdische Reaktion auf das literarische Genre des paganen Romans (während Ezechiels Drama *Exagoge* als eine jüdische Umsetzung des Tragödien-

[79] Tilg (2010) 2–3; ähnlich Whitmarsh (2011) 25, der sich aber der inhaltlichen Parallelen zwischen *Joseph und Aseneth* und den paganen Romanen bewusst ist: „The Greek romance as we know it seems to have achieved its canonical form in the first century of the Roman principate. For sure, Hellenistic precedents may well have existed, particularly in the 'national literature' of the subject peoples of the Greek kingdoms: one particularly important case is Joseph and Aseneth, which tells of the mutual love, marriage and tribulations of the biblical patriarch, but the dating remains controversial (estimates vary between the second century BCE and the fourth century CE). But it remains true, on the current consensus, that the ideal, fictional romance as we know it is very much a product of the early imperial era."

Genres gelesen werden kann). Eine solche Linie bietet sich, sofern meine Datierung von *Joseph und Aseneth* richtig ist, ja schon deswegen nicht an, weil aus jener Zeit keine paganen Romane greifbar sind. Und auch die umgekehrte Beeinflussungslinie drängt sich nicht auf: Über eine frühe Rezeption unseres Textes, zumal in paganen Kreisen, ist nichts bekannt, und der pagane Liebesroman liest sich nicht wie eine Umsetzung eines jüdischen Vorgängers. Die Suche nach Abhängigkeiten ist müßig und unnötig. Wichtiger ist die Einsicht, dass im antiken mediterranen Raum auf jüdischer wie paganer Seite Liebesromane entstanden, die manches gemeinsam haben.

Man hat mit Recht auf Parallelen zwischen *Joseph und Aseneth* und früheren biblisch-jüdischen Texten verwiesen.[80] Das Motiv des keuschen Joseph ist schon in der sogenannten Joseph-Novelle präsent, in der Joseph sich von den Anträgen der Frau seines Herrn Potifar nicht beirren lässt (um daraufhin von dieser der Vergewaltigung beschuldigt zu werden).[81] Aber *Joseph und Aseneth* geht doch deutlich über solche Parallelen hinaus. Andere Bücher wie *Esther* oder *Judith* wiederum mögen romanhafte Züge tragen, sind aber gewiss keine Liebesromane. *Joseph und Aseneth* steht als Beispiel eines antiken jüdischen Liebesromans alleine. In der rabbinischen Literatur ist eine Version des Joseph und Aseneth-Motivs belegt, in der die biblische Vorlage dahingehend aufgelöst wird, dass Aseneth (Asnath) ursprünglich Jüdin war: Sie war die Tochter der von Sichem vergewaltigten Dina, der Tochter Jakobs/Israels. Der Engel

[80] Braginskaya (Anm. 1).

[81] Gen 39. Zur Joseph-Novelle (Gen 37–50) cf. Schmid (2008) 122–124. Dass die biblische Josephgeschichte, insbesondere in ihren jüdisch-hellenistischen Überarbeitungen, ihrerseits Parallelen zum Phädra-Mythos hat, zeigt Braun (1938) 44–104.

Michael habe sie nach Ägypten zum Haus des Potifar gebracht, „denn Asnat war zur Frau Josephs ausersehen".[82] Die Motivation dieser Lesung ist evident: Die Verbindung von Joseph und Aseneth wird göttlich legitimiert und dadurch entschärft, dass Asnat eine jüdische Mutter hatte. Dadurch wurde der biblische Ausgangsvers Gen 41,45 über die Verbindung von Joseph und Aseneth unproblematisch.[83] Der Autor unseres Romans hingegen ging einen ganz anderen Weg: Er nutzte die kurze biblische Notiz für die Schaffung eines unterhaltsamen Liebesromans.

---

[82] *Pirke de Rabbi Eliezer*, Kap. 38.

[83] Anders wiederum die Deutung bei Philon von Alexandrien, der ganz unapologetisch von Aseneth als der „vornehmsten Ägypterin", einer „Tochter des Priesters des Sonnengottes" spricht (Ios. 121).

2. Moses im Spiegel Philons: Autobiographisches in Philons Moses-Biographie

Wir haben in der ersten Vorlesung *Joseph und Aseneth* als frühen jüdischen Roman klassifiziert und für die Entstehungszeit tendenziell das spätptolemäische Ägypten postuliert (zweites bis erstes Jh. v. Chr.). In dieser Vorlesung soll ein jüdisch-hellenistischer Text im Zentrum stehen, von dem unbestritten ist, dass er im Alexandrien des ersten Jh. n. Chr. entstanden ist: Philons *De Vita Mosis*. Wir haben hier natürlich eine viel breitere Quellengrundlage als im Falle von *Joseph und Aseneth*, ja als bei allen anderen jüdisch-hellenistischen Autoren. Der jüdische Philosoph Philon von Alexandrien bzw. die ihn rezipierenden christlichen Leser haben uns ein sehr umfangreiches Werk hinterlassen. Philon ist der erste gut greifbare jüdische Philosoph. Dennoch wird diesem neben Flavius Josephus wichtigsten jüdisch-hellenistischen Autor in der Forschung oft zu wenig Beachtung geschenkt. Der in der römischen Provinz Ägypten auf Griechisch schreibende Philon fällt häufig zwischen Stuhl und Bank von Judaistik, Antiker Philosophie, Gräzistik, Alter Geschichte und Bibelwissenschaften. Philon von Alexandrien ist aber eine äußerst wertvolle, von der Forschung noch längst nicht ausgeschöpfte Quelle für einen antiken jüdischen Umgang mit der Tora, für innerjüdische Diskurse der Zeit und für die Auseinandersetzung mit der paganen Kultur.

Wer war Philon von Alexandrien? Eine kurze, aber ehrliche Antwort auf diese Frage lautet: Wir wissen es nicht wirklich. Trotz des beeindruckend großen Œuvres kann nur wenig Sicheres über Philons Leben und seine Aktivitäten gesagt werden. Und Philon spricht nur selten von sich selbst. Während sein umfangreiches philosophisches Werk eine Einschätzung seines philosophischen und theologischen Verständnisses vom Judentum zulässt, ist seine Biographie – im unmittelbaren chronologischen, aber auch im intellektuellen Sinne – nur sehr schwer greifbar. Nicht einmal seine Lebensdaten sind gesichert: Philon dürfte von ca. 20 v. Chr. bis 50 n. Chr. gelebt haben. Wir wissen, dass er 39/40 n. Chr. Teil einer jüdischen Gesandtschaft zum römischen Kaiser Gaius Caligula im Zusammenhang mit den antijüdischen Animositäten jener Zeit war. Philon hat über diese Ereignisse die historischen, aber durchaus auch essayistischen Traktate *In Flaccum* und *Legatio ad Gaium* verfasst. Zu Beginn von letzterem bezeichnet sich Philon selbst als alten Mann (γέρων), der ergraut sei.[1] Die Einschätzung von Philons Lebensdaten hängt zu einem großen Teil davon ab, wann man sich für die Antike einen Mann als ergraut vorstellen will. Immerhin widmet der jüdisch-römische Historiker Flavius Josephus in seinen *Jüdischen Altertümern* gut eine Generation nach Philon diesem einige wenige Zeilen, die von jener Gesandtschaft zum römischen Kaiser handeln, aber auch etwas von Philons Familie erahnen lassen:

Καὶ δὴ στάσεως ἐν Ἀλεξανδρείᾳ γενομένης Ἰουδαίων τε οἳ ἐνοικοῦσι καὶ Ἑλλήνων τρεῖς ἀφ᾽ ἑκατέρας τῆς στάσεως πρεσβευταὶ αἱρεθέντες παρῆσαν ὡς τὸν Γάιον. καὶ ἦν γὰρ τῶν Ἀλεξανδρέων πρέσβεων εἷς Ἀπίων, ὃς πολλὰ εἰς τοὺς Ἰουδαίους ἐβλασφήμησεν ἄλλα τε λέγων καὶ ὡς τῶν Καίσαρος τιμῶν περιορῷεν· πάντων γοῦν ὁπόσοι τῇ Ῥωμαίων ἀρχῇ ὑποτελεῖς εἶεν βωμοὺς τῷ Γαΐῳ καὶ νεὼς ἱδρυμένων τά τε ἄλλα πᾶσιν αὐτὸν ὥσπερ τοὺς θεοὺς δεχομένων, μόνους τούσδε ἄδοξον ἡγεῖσθαι ἀνδριᾶσι τιμᾶν καὶ ὅρκιον αὐτοῦ τὸ ὄνομα ποιεῖσθαι. πολλὰ δὲ καὶ χαλεπὰ Ἀπίωνος

[1] Phil. Legat. 1.

εἰρηκότος, ὑφ' ὧν ἀρθῆναι ἤλπιζεν τὸν Γάιον καὶ εἰκὸς ἦν, Φίλων ὁ προεστὼς τῶν Ἰουδαίων τῆς πρεσβείας, ἀνὴρ τὰ πάντα ἔνδοξος Ἀλεξάνδρου τε τοῦ ἀλαβάρχου ἀδελφὸς ὢν καὶ φιλοσοφίας οὐκ ἄπειρος, οἷός τε ἦν ἐπ' ἀπολογίᾳ χωρεῖν τῶν κατηγορημένων. διακλείει δ' αὐτὸν Γάιος κελεύσας ἐκποδὼν ἀπελθεῖν, περιοργὴς τε ὢν φανερὸς ἦν ἐργασόμενός τι δεινὸν αὐτούς. ὁ δὲ Φίλων ἔξεισι περιυβρισμένος καί φησι πρὸς τοὺς Ἰουδαίους, οἳ περὶ αὐτὸν ἦσαν, ὡς χρὴ θαρρεῖν, Γαΐου λόγῳ μὲν αὐτοῖς ὠργισμένου, ἔργῳ δὲ ἤδη τὸν θεὸν ἀντιπαρεξάγοντος.

Nun war in Alexandrien ein Streit ausgebrochen zwischen den Juden, die dort wohnhaft waren, und den Griechen. Von beiden Parteien wurden drei Gesandte ausgewählt, die vor Gaius erschienen. Einer der alexandrinischen Abgeordneten war ein gewisser Apion, der die Juden in vielerlei Hinsicht verleumdete. So behauptete er, sie würden die Verehrung des Kaisers vernachlässigen: Denn alle Tributpflichtigen des römischen Reiches würden Altäre und Tempel zu Ehren von Gaius erbauen und ihn auch sonst in jeglicher Hinsicht gleich wie die Götter ansehen, nur diese würden als einzige es für schändlich halten, ihn mit Bildsäulen zu verehren und bei seinem Namen zu schwören. Apion erhob viele solch schwere Vorwürfe in der Hoffnung, Gaius würde dadurch provoziert, was auch wahrscheinlich war. Philon, der Anführer der Gesandtschaft der Juden, war bereit, zur Verteidigung gegen die Anschuldigungen vorzutreten. Er war ein hoch angesehener Mann, der Bruder des Alabarchen Alexander und auf dem Gebiet der Philosophie äußerst kundig. Aber Gaius setzte ihn vor die Tür und befahl ihm zu verschwinden: So wütend war er, dass es klar war, dass er etwas Schlimmes gegen sie machen würde. Nachdem mit ihm derart schroff umgegangen worden war, trat Philon hinaus und sagte zu den Juden, die bei ihm waren, sie sollten den Mut nicht verlieren: Gaius würde ihnen zwar mit Worten grollen, in Wirklichkeit aber würde er nun Gott gegen sich aufbringen.[2]

Von Josephus erfahren wir in dieser Passage mehrerlei Dinge über Philon: Philon war, was er selbst nicht explizit bestätigt, der Leiter jener jüdischen Mission nach Rom. Gemäß Josephus bestand sie aus drei Männern, gemäß Philon aus fünf.[3]

---

[2] Jos. Ant. Iud. 18,257–260.

[3] Phil. Legat. 370.

Philon sei ferner ein „hochberühmter Mann“ (ἀνὴρ τὰ πάντα ἔνδοξος) und „sehr kundig im Bereich der Philosophie“ (φιλοσοφίας οὐκ ἄπειρος) gewesen. Schließlich habe Philons Bruder Alexander das Amt des „Alabarchen“ ausgeübt. Was genau darunter zu verstehen sei, ist zwar umstritten, sicher ist aber, dass es sich um einen hohen Beamtentitel, wohl im Bereich der Steuereintreibung, gehandelt hat. Alexander selbst war wohl in größerem Stil im Handel tätig, wie aus Ostraka ersichtlich ist.[4] Alexanders Sohn, Philons Neffe Tiberius Julius Alexander, wurde, wie Josephus an anderer Stelle festhält, zum Renegaten und machte in römischen Diensten Karriere.[5] Man kann wohl davon ausgehen, dass Philon in einer begüterten Familie aufwuchs. Sein beträchtliches Œuvre setzt jedenfalls finanzielle Unabhängigkeit voraus.

Soweit das bekannte, äußerst karge Curriculum Vitae dieses Autors. Mir scheint jedoch, dass wir Philon über seine Moses-Darstellung etwas besser kennen lernen können. Im Folgenden soll gezeigt werden, dass Philons Moses-Inszenierungen gelegentlich autobiographische Züge tragen. Zuerst wird es um Moses und Philon als „Politiker“, dann um Moses und Philon als Philosophen gehen.

Moses und Philon als Politiker

Mir scheint, dass es zwischen Philons *De Vita Mosis* und seinem schon erwähnten Bericht über die Gesandtschaft zu Caligula, dem Traktat *Legatio ad Gaium*, inhaltliche und sprachliche Parallelen gibt, die Rückschlüsse auf Phi-

---

[4] CPJ 2, 197–200; cf. Schwartz (2009) 12.

[5] Jos. Ant. Iud. 20,100; cf. Tac. Hist. 2,74.79.

lons Selbstverständnis als Delegationsleiter, aber auch auf Philons Verständnis der Moses-Figur erlauben. Soweit ich sehe, sind die beiden Traktate bisher noch nicht genauer auf solche Fragen hin untersucht worden.

Philon, der wohl lange Zeit politisch nicht aktiv war, sondern sich zumindest mehrheitlich der Philosophie hingab,[6] hat sich angesichts des Unrechts, das den Juden in Alexandrien widerfuhr, bereit erklärt, bei den Obrigkeiten, genauer beim römischen Kaiser, vorzusprechen. Damit kam ihm aber doch gewissermaßen die Rolle Moses' zu, der nach dem Bericht der Tora auf Drängen Gottes und angesichts der Unterdrückung der Israeliten in einer kleinen Delegation zusammen mit Aaron zum Kaiser Ägyptens seiner Zeit, zum Pharao, vortrat, um sich für die Rechte seines Volkes einzusetzen.[7] Auch Moses hätte gerne auf dieses politische Unternehmen verzichtet. Gemäß Philon hatte sich Moses zuvor, in Midian, ganz der Philosophie hingegeben.[8]

Ich möchte, um dies vorwegzunehmen, nicht die Vermutung aufstellen, Philon hätte sich gleichsam als *Moses redivivus* verstanden. Eine solche Gleichsetzung hätte Philon selbst als Anmaßung empfunden und dieses war mit Bestimmtheit nicht seine Absicht. Moses steht in Philons Darstellung für das unerreichbare Ideal von Frömmigkeit und Weisheit: Moses ist der „frömmste" Mensch, der je gelebt hat[9], der „perfekte Weise", der als einziger die reine, „ungemischte Weisheit" gekostet hat[10]. Moses' Weisheit beginnt dort, wo

---

[6] Phil. Spec. 3,1–3. Cf. die kritische Diskussion dieser Stelle bei Goodenough (1938) 66ff.

[7] Ex 3–4.

[8] Phil. Mos. 1,48. Feldman (2007) 74 verweist auch auf diese Parallele zwischen Philon und seinem Moses.

[9] Phil. Mos. 2,192 (ὁσιώτατον τῶν πώποτε γενομένων).

[10] Phil. Mos. 2,204 (πάνσοφε, μόνος ἀμιγοῦς ἠκρατίσω σοφίας).

jene Abrahams ihren Höhepunkt erreicht.[11] Philon wäre nie so vermessen gewesen, sich mit diesem Moses gleichsetzen zu wollen. Aber Philon bewundert Moses.[12] Moses ist aufgrund seiner einmaligen Nähe zu Gott zwar unerreichbar, aber gerade dadurch auch ein Orientierungspunkt und, wie Philon in *De Vita Mosis* explizit schreibt, „Vorbild für diejenigen, die ihn nachahmen wollen" (παράδειγμα τοῖς ἐθέλουσι μιμεῖσθαι)[13]. „Glücklich", fährt Philon fort, „sind all jene, die das Bild in ihre Seele prägen konnten oder sich darum bemühen, es einzuprägen".[14] Tatsächlich eifert er, wie gleich zu zeigen ist, Moses nach. Nun ist dieser Moses natürlich von Philon selbst inszeniert: Philon spiegelt sein philosophisches Ideal in Moses. Und darüber hinaus scheut er sich auch nicht, die Moses-Biographie, wie sie schon in der Tora vorgegeben ist, mit eigenen Erfahrungen zu verbinden.

Dass Philon bei seiner Schilderung des Elends der Israeliten in Ägypten auch den Konflikt im Alexandrien seiner Zeit vor Augen hatte, zeigt ein Vergleich der entsprechenden Darstellungen in *De Vita Mosis* und der *Legatio ad Gaium*.[15] In der Moses-„Biographie" wird die Unterdrückung durch den Pharao auf eine Art beschrieben, die diese für eine Einordnung in das philonische Œuvre seit je sperrige Schrift in die Nähe der alexandrinischen Unruhen im Jahre 38 n. Chr.

---

11 Phil. Post. 174.

12 Phil. Sacr. 50. Cf. Feldman (2007) 74.

13 Phil. Mos. 1,158.

14 Phil. Mos. 1,159; cf. auch Virt. 51, wo von Moses' Leben als Paradigma und Archetyp die Rede ist: cf. Mendelson (1982) 63–64.

15 Wolfson (1947) 2, 398–399 und die französische Ausgabe von *De Vita Mosis* von R. Arnaldez et al. (Paris 1967, 42 Anm. 4) weisen ebenfalls auf diesen Zusammenhang hin, ohne ihn allerdings weiter zu erläutern.

rückt. Das Ägypten der biblischen Israeliten wird – wie dies Philon für das Ägypten seiner Zeit tun würde – als ihr zweites Vaterland dargestellt, in dem sie sich doch zu Hause gefühlt hätten.[16] Aber der Herrscher des Landes habe sie unterjocht und nach Kriegsrecht als Kriegsgefangene genommen.[17] In ganz ähnlichen Worten handelt Philon von der Unterdrückung der Juden im Alexandrien seiner Zeit: Als wären sie Kriegsgefangene, seien sie auf übelste Art und Weise misshandelt worden.[18] Zeitweilig seien die Juden Alexandriens in ein Quartier gepfercht und der Freiheit beraubt worden.[19] Ein vergleichbarer Freiheitsentzug widerfährt in *De Vita Mosis* den Israeliten.[20] Die Aufseher Ägyptens – zur Zeit Philons wie schon zur Zeit Moses' – waren äußerst brutal, unmenschlich, ja tierisch: „Tiere in Menschengestalt" seien die Aufseher über die Israeliten gewesen;[21] und in der *Legatio* hören wir, wie man mit „tierischster Wut" auf die Juden losging.[22] Philon spricht in denselben Worten von den Misshandlungen, die die Juden unter dem Pharao bzw. im römisch-ägyptischen Alexandrien von ihren Aufpassern zu erleiden hatten: sie wurden „gepeinigt mit allen erdenklichen Misshandlungen".[23]

---

[16] Phil. Mos. 1,36 (δεύτερα πατρίς). Philon bezeichnet an einer anderen Stelle bekanntlich Jerusalem als Mutterstadt aller Juden, als Vaterstadt (πατρίς) aber jene Stadt, in der die Juden jeweils wohnen (Flacc. 46). Im Falle Philons war seine Vaterstadt also Alexandrien.

[17] Phil. Mos. 1,36 (ὡς πολέμου νόμῳ λαβὼν αἰχμαλώτους).

[18] Phil. Legat. 121ff (πολέμῳ κατακρατηθέντας).

[19] Phil. Legat. 124.

[20] Phil. Mos. 1,36.

[21] Phil. Mos. 1,43 (ἀνθρωποειδῆ θηρία).

[22] Phil. Legat. 121(θηριωδεστάταις ὀργαῖς).

[23] Phil. Mos. 1,44: πάσας αἰκιζόμενος αἰκίας bzw. Legat. 128: αἰκιζόμενοι πάσαις αἰκίαις.

Auch zwischen Caligula und dem Pharao ergeben sich bei Philon Parallelen: Beide neigen zu Zornesausbrüchen und Ungerechtigkeit.[24] Beide folgen auf Herrscher, die den Juden gewogen gewesen waren: Augustus und Tiberius bzw. den Vorgängerpharao aus Zeiten Josephs.[25] Und beide sind in ihrer Verblendung nicht fähig, die anikonischen Regelungen der Juden zu verstehen: Im Zentrum der *Legatio ad Gaium* steht Caligulas Beharren auf seiner bildlichen Darstellung auch an jüdischen Orten, in der Diaspora wie in Jerusalem, und für Philons Pharao ist „seit er in den Windeln war" undenkbar, dass ein Gott bilderlos dargestellt werden könnte.[26]

Diese Reihe von inhaltlichen, aber auch sprachlichen Parallelen zwischen dem pharaonischen und römischen Alexandrien bringt Philons *Legatio ad Gaium* in die Nähe von Moses' *Legatio „ad Pharaonem"*. Tatsächlich findet sich gerade in der *Legatio ad Gaium* eine Stelle, in der Philon seine eigene Zeit und konkret die Unterdrückung um 38 n. Chr. und die nachfolgenden Schwierigkeiten bei der Gesandtschaft nach Rom in Verbindung mit der biblischen Geschichte bringt. Ist dies die „Prüfung der jetzigen Generation?", fragt sich Philon und beruhigt, in dem er auf vormals ähnlich schwierige Zeiten verweist: Gott hat das Volk schon oft aus hoffnungslosen und ausweglosen

---

24 Phil. Mos. 1,45; Legat. 190.

25 Tiberius zeichnet sich u. a. durch Tiefsinnigkeit aus (Legat. 33, cf. sodann 141–142); in seiner Eulogie auf Augustus (Legat. 143–147) geht Philon gar so weit, dass er dessen erfolgreiche „Hellenisierung" der „Barbaren" lobend erwähnen kann (147). Auch die biblische Darstellung des „bösen" Pharao baut sich an der positiven Schilderung von dessen Vorgänger auf (Ex 1,8 ff.). In Philons *De Vita Mosis* wird auf den Vorgängerpharao nicht verwiesen, er erscheint aber in *De Iosepho* im Kontext der Krönung Josephs in hellem Licht (Ios. 119–121).

26 Phil. Mos. 1,88.

Situationen gerettet.[27] Philon nennt keine spezifische biblische Parallele, die Exodus-Geschichte wäre für ihn aber mit Bestimmtheit eine, vielleicht sogar die wichtigste Referenz göttlicher Verlässlichkeit.

Bemerkenswerterweise hält Philon nirgends explizit fest, dass er der Leiter der jüdisch-alexandrinischen Delegation nach Rom war. Das weiß, wie eingangs erwähnt, nur Josephus zu berichten und es dürfte wohl auch zugetroffen haben. Aber Philon, der selten explizit von sich selbst handelt, gesteht sich doch zu, über etwas mehr Verstand als die anderen Delegationsmitglieder verfügt zu haben.[28] Philon formuliert bescheiden und zurückhaltend: Dieser Unterschied sei Folge seines Alters, seiner Bildung und seiner Erfahrung gewesen.[29] Freilich sind sowohl Verstand (φρόνησις) als auch Bildung (παιδεία) gerade auch Kennzeichen von Moses.[30] Philon rutscht in eine Moses-Rolle. Das gilt auch für die schon angesprochene fehlende Prädestination als Anführer einer politischen Bewegung: Wie der Leiter der biblischen und philonischen Gesandtschaft wird auch Philon seine Führungsrolle nicht angestrebt haben.[31] Philons Moses ist sich der Ungewissheit des Schicksals bewusst, bleibt auch im Erfolg bescheiden und strebt keine Führungsposition an.[32] Erst das Leid der Juden in Ägypten zwingt ihn dazu. Philon mag seine politische Rolle tatsäch-

---

27 Phil. Legat. 196 (πολλάκις ἐξ ἀμηχάνων καὶ ἀπόρων περιέσωσε τὸ ἔθνος).

28 Phil. Legat. 182 (ἐγὼ δὲ φρονεῖν τι δοκῶν περιττότερον).

29 Phil. Legat. 182.

30 Phil. Mos. 1,23.25.180.

31 In Spec. 3,1–4 klagt Philon über die „politischen Sorgen", mit denen er sich herumzuschlagen habe.

32 Phil. Mos. 1,30–31.

lich ähnlich gesehen haben. Dass er seine Rolle als Anführer der Legatio ad Gaium verschweigt, passt jedenfalls hierzu.

Die bisher gemachten Beobachtungen, insbesondere die recht deutlichen Anklänge an die politischen Spannungen in Alexandrien in *De Vita Mosis*, haben Folgen für die Frage der Datierung dieses Traktats: Es ist anzunehmen, dass Philons Moses-Biographie zeitnah zur *Legatio ad Gaium* erschienen ist. Wir haben bereits auf sprachliche Parallelen zwischen Philons Darstellung der Unterdrückung der Israeliten und der alexandrinischen Juden verwiesen. Es gibt in der *Vita Mosis* weitere mögliche Indizien, dass dieser Traktat im Umkreis der Judenverfolgung im Jahr 38 n. Chr. entstanden ist. So bezieht sich Philons allegorische Deutung der Szene vom brennenden Dornbusch[33] vielleicht nicht nur auf das biblische Leid der Israeliten in Ägypten, sondern soll auch die Unterdrückung in Alexandrien widerspiegeln: Der brennende Dornbusch steht symbolisch für das Unrecht, das den Menschen widerfuhr.[34] An einer anderen Stelle und in zeitgenössischem Zusammenhang beschreibt Philon das Volk als „seit langer Zeit unglücklich".[35]

De Vita Mosis wird in der Forschung gerne als Teil oder Einleitung zur groß angelegten *Expositio Legis* verstanden.[36] David Runia sieht in *De Vita Mosis* ein einführendes Werk, das das Ziel verfolgt, „den großen jüd. Gesetzgeber einem

---

[33] Phil. Mos. 1,65–70.

[34] Phil. Mos. 1,67 (σύμβολον (…) τῶν ἀδικουμένων). Dass der Dornbusch nicht verbrennt, ist wiederum ein Zeichen dafür, dass die Unterdrückung schließlich nicht erfolgreich sein würde (ibid.).

[35] Phil. Mos. 2,43 (ἐκ πολλῶν χρόνων τοῦ ἔθνους οὐκ εὐτυχοῦντες / μὴ ἐν ἀκμαῖς).

[36] Cf. Goodenough (1933); Sterling (2009) 67–68 („an introduction to the Exposition in particular").

breiteren Publikum bekanntzumachen".[37] Die *Vita* dürfte aber, wie sich nun gezeigt hat, vielmehr ein Spät- und Reifewerk Philons sein und aus der Zeit nach der alexandrinischen Gesandtschaft nach Rom stammen.[38]

Moses und Philon als Philosophen

In *De Vita Mosis* können wir demnach einen Philon greifen, der in Ergänzung zu den „historischen" Traktaten *Legatio ad Gaium* und *In Flaccum* jene für die alexandrinischen Juden leidvolle Zeit anspricht, in der er zum Anführer der Juden wurde. Philon hatte dabei in Moses einen Vorläufer, an dem er sich auch sonst gerne orientiert. Philon spiegelt sich in Moses, der bei aller Unerreichbarkeit Paradigma sein darf, ja soll. Ein zweites Beispiel möge dies verdeutlichen: Philons Selbstverständnis als Philosoph.

Auch hier verbinden sich traditionelle Vorgaben und Philons eigenes, persönliches Moses-Bild. Erstere gehen dabei nicht auf die Tora, sondern frühere jüdisch-helle-

[37] Runia (2000) 852.

[38] Schon für Cohn (1899) 434 gehört *Mos.* in die „Zeit der politischen Kämpfe". *Mos.* ist für Cohn bzw. Cohn/Wendland (1909) 219 wie zuletzt auch Royse (2009) 47 eine apologetisch-aufklärerische Schrift im Lichte judenfeindlicher Unruhen in Alexandrien. Ähnlich hält auch Feldman (2007) 61 eine Spätdatierung für möglich und versteht *Mos.* als eine in erster Linie apologetisch ausgerichtete Schrift. Damit wird man der Komplexität von *Mos.* jedoch nicht gerecht. Zwar trägt *De Vita Mosis* vor allem gleich zu Beginn apologetische Züge, Apologetik ist jedoch nicht das Hauptziel. Vielmehr präsentiert Philon hier, gewiss nicht nur an ein nichtjüdisches Lesepublikum gerichtet, anhand der Moses-Figur zentrale Thesen seiner Philosophie. Natürlich würde eine Spätdatierung von *Mos.* zur Folge haben, dass jene Traktate, in denen Philon sich explizit auf *Mos.* bezieht (Virt. 52; Praem. 53: cf. Sterling (2009) 67), aus einer späteren Zeit stammen müssen.

nistische Autoren wie Pseudo-Eupolemus, Artapanus und Aristobulus zurück. Moses wurde schon im zweiten Jh. v. Chr. als erster Weiser,[39] ja als Erfinder der Philosophie[40] bezeichnet. Artapanus fügt in einem Katalog mosaischer Erfindungen, der übrigens an Aischylos' Prometheus erinnert,[41] die Philosophie gleichsam als *encore* hinzu: Viel Nützliches habe Moses der Menschheit gebracht, er habe „die Schiffe, die Steinhebemaschinen, die ägyptischen Waffen, die Bewässerungs- und Kriegsmaschinen und die Philosophie erfunden."[42] Und der wohl etwa zeitgleiche Aristobulus, der erste jüdische Religionsphilosoph, führt die griechischen Philosophen Pythagoras, Sokrates und Platon auf Moses zurück.[43]

Zur Zeit Philons war die Verbindung Moses' mit der Philosophie demnach schon fast ein Cliché. Aber der philonische Moses-Philosoph ist, wie gleich zu zeigen sein wird, eine komplexere Figur als bei den genannten (fragmentarisch erhaltenen) früheren Autoren. Vor allem aber ist Moses als Philosoph ein Sprachrohr Philons. Auch hierfür finden sich zentrale Stellen in *De Vita Mosis*: Die Philosophie Moses' steht für das „wahrhaftige Philosophieren" (τῷ ὄντι φιλοσοφεῖν), das aus den drei Elementen „Deliberation" (βούλευμα), „Vernunft" (λόγος) und „Tat" (πράξις) besteht und zu einem glücklichen Leben (εὐδαιμονία) führt.[44] Für diese Form des Philosophierens steht seit Moses exemplarisch die Sabbatruhe, die Raum bietet für Erklärungen und Deutungen. Philon schlägt auch hier den Bogen zu

---

[39] Pseudo-Eupolemus: Eus. Prep. Ev. 9,26,1.
[40] Clem. Strom. 1,23,153,4.
[41] Cf. Aischyl. Prom. 442–506.
[42] Artapanus: Eus. Prep. Ev. 9,27,4.
[43] Aristobulus: Eus. Prep. Ev. 13,12,3–4.
[44] Phil. Mos. 2,212.

seiner eigenen Zeit: „Seither und bis heute widmen sich Juden jeweils am siebten Tag der eigenen Philosophie". Philon sieht sich selbst ganz offenbar in dieser Tradition.[45]

Dass Philon sich auf mosaischen Pfaden gehen sah, zeigt sich auch im Zusammenhang mit seiner Präsentation von Moses' Jugendjahren. Die Tora schweigt sich bekanntlich über Moses' Jugend aus. Bereits im zweiten Kapitel des Exodus-Buches ist Moses „groß geworden" (Ex 2,10). „Wird denn nicht jeder Junge groß?"[46] fragt, nach einem tieferen Sinn suchend, der Midrasch und erklärt die simple Aussage als einen Hinweis auf die Außergewöhnlichkeit des Moses, nicht zuletzt auch seine außergewöhnliche Größe und Schönheit.[47] Die biblische Knappheit, hier und generell, lud nicht nur die Autoren von Midraschim zum Füllen von Leerstellen ein, sondern auch schon jüdisch-hellenistische Autoren wie Philon von Alexandrien. Philon schildert recht ausführlich die *paideia*, die Erziehung und Ausbildung des Moses.[48] Philons Schilderung ist dabei durchaus topisch: Dass Moses schon bald seine Altersgenossen übertrifft und zum Vorbild wird, findet sich zum Beispiel auch in Xenophons Kyrupädie.[49] Moses genießt in der Fassung Philons eine Ausbildung erster Güte, eine „königliche Erziehung" (τροφὴ βασιλική).[50] Philon ersinnt für Moses eine internationale Ausbildung:

---

[45] Phil. Mos. 2,215–216 (216: ἀφ᾽ οὗ καὶ εἰσέτι νῦν φιλοσοφοῦσι ταῖς ἑβδόμαις Ἰουδαῖοι τὴν πάτριον φιλοσοφίαν).

[46] Exodus Rabba 1,27.

[47] Exodus Rabba 1,26–27 (zu Ex 2,10–11).

[48] Phil. Mos. 1,20–26.

[49] Xen. Kyr. 1,1,3; Phil. Mos. 1,19–20.25. Xenophons Kyros erlaubt sich als kleiner Junge immerhin einige Albereien (Kyr. 1,4,3), während Philons Moses sich davon fernhält.

[50] Phil. Mos. 1,20.

(21) διδάσκαλοι δ᾽ εὐθὺς ἀλλαχόθεν ἄλλοι παρῆσαν, οἱ μὲν ἀπὸ τῶν πλησιοχώρων καὶ τῶν κατ᾽ Αἴγυπτον νομῶν αὐτοκέλευστοι, οἱ δ᾽ ἀπὸ τῆς Ἑλλάδος ἐπὶ μεγάλαις δωρεαῖς μεταπεμφθέντες· ὧν ἐν οὐ μακρῷ χρόνῳ τὰς δυνάμεις ὑπερέβαλεν εὐμοιρίᾳ φύσεως φθάνων τὰς ὑφηγήσεις, ὡς ἀνάμνησιν εἶναι δοκεῖν, οὐ μάθησιν, ἔτι καὶ προσεπινοῶν αὐτὸς τὰ δυσθεώρητα. (22) πολλὰ γὰρ αἱ μεγάλαι φύσεις καινοτομοῦσι τῶν εἰς ἐπιστήμην· καὶ καθάπερ τὰ εὐεκτικὰ τῶν σωμάτων καὶ πᾶσι τοῖς μέρεσιν εὐκίνητα φροντίδων ἀπαλλάττει τοὺς ἀλείπτας οὐδὲν ἢ βραχέα παρέχοντας τῶν εἰς ἐπιμέλειαν, ὥσπερ καὶ γεωργοὺς τὰ εὔβλαστα καὶ εὐγενῆ δένδρα βελτιούμενα δι᾽ ἑαυτῶν, τὸν αὐτὸν τρόπον εὐφυὴς ψυχὴ προαπαντῶσα τοῖς λεγομένοις ὑφ᾽ αὑτῆς μᾶλλον ἢ τῶν διδασκόντων ὠφελεῖται καὶ λαβομένη τινὸς ἐπιστημονικῆς ἀρχῆς κατὰ τὴν παροιμίαν „ἵππος εἰς πεδίον" ὁρμᾷ. (23) ἀριθμοὺς μὲν οὖν καὶ γεωμετρίαν τήν τε ῥυθμικὴν καὶ ἁρμονικὴν καὶ μετρικὴν θεωρίαν καὶ μουσικὴν τὴν σύμπασαν διά τε χρήσεως ὀργάνων καὶ λόγων τῶν ἐν ταῖς τέχναις καὶ διεξόδοις τοπικωτέραις Αἰγυπτίων οἱ λόγιοι παρεδίδοσαν καὶ προσέτι τὴν διὰ συμβόλων φιλοσοφίαν, ἣν ἐν τοῖς λεγομένοις ἱεροῖς γράμμασιν ἐπιδείκνυνται καὶ διὰ τῆς τῶν ζῴων ἀποδοχῆς, ἃ καὶ θεῶν τιμαῖς γεραίρουσι·τὴν δ᾽ ἄλλην ἐγκύκλιον παιδείαν Ἕλληνες ἐδίδασκον, οἱ δ᾽ ἐκ τῶν πλησιοχώρων τά τε Ἀσσύρια γράμματα καὶ τὴν τῶν οὐρανίων Χαλδαϊκὴν ἐπιστήμην. (24) ταύτην καὶ παρ᾽ Αἰγυπτίων ἀνελάμβανε μαθηματικὴν ἐν τοῖς μάλιστα ἐπιτηδευόντων· καὶ τὰ παρ᾽ ἀμφοτέροις ἀκριβῶς ἐν οἷς τε συμφωνοῦσι καὶ διαφέρονται καταμαθών, ἀφιλονείκως τὰς ἔριδας ὑπερβάς, τὴν ἀλήθειαν ἐζήτει, μηδὲν ψεῦδος τῆς διανοίας αὐτοῦ παραδέχεσθαι δυναμένης, ὡς ἔθος τοῖς αἱρεσιομάχοις, οἳ τοῖς προτεθεῖσι δόγμασιν ὁποῖα ἂν τύχῃ βοηθοῦσιν οὐκ ἐξετάζοντες, εἰ δόκιμα, τὸ δ᾽αὐτὸ δρῶντες τοῖς ἐπὶ μισθῷ συναγορεύουσι καὶ μηδὲν τοῦ δικαίου πεφροντικόσιν.

(21) Rasch kamen aus verschiedenen Gegenden viele Lehrer herbei: aus den angrenzenden Ländern und den Regionen Ägyptens aus eigenem Drang, aus Griechenland herbeigerufen mit der Aussicht auf große Geschenke. Deren Fähigkeiten übertraf er in kurzer Zeit, weil er ihren Lektionen dank seiner idealen Veranlagung zuvorkam. So schien es ein Sicherinnern zu sein, nicht ein Lernen. Selbst ersann er dann noch schwierige Fragestellungen hinzu. (22) Denn große Geister stehen häufig am Anfang von innovativen Erkenntnissen. Und wie gesunde und in allen Gliedern agile Körper den Trainern alle Sorgen nehmen, so dass sie sich gar nicht oder nur kurz zu kümmern brauchen, wie auch Bauern nicht um gut gewachsene,

edle und sich selbst verschönernde Bäume, genauso profitiert eine wohl gebildete Seele, den Erklärungen entgegengehend, mehr von sich selbst als von ihren Lehrern. Hat sie einmal den Anfang in den Erkenntnissen genommen, stürmt sie – wie das Sprichwort sagt – los wie „das Pferd ins Feld". (23) Arithmetik und Geometrie, Rhythmik, Harmonik, Metrik und die gesamte Musik – das Spielen von Instrumenten wie auch die Theorie, neben der Technik auch komplexere Ausführungen – brachten ihm die ägyptischen Gelehrten bei, dazu noch die in Symbolen enthaltene Philosophie, die sie in den sogenannten „heiligen Schriftzeichen" zum Ausdruck bringen und in der Verehrung von Tieren, denen sie sogar göttliche Ehren erweisen. Die übrige allgemeine Bildung lehrten ihn die Griechen, Lehrer aus dem nahen Ausland die assyrische Literatur sowie die chaldäische Wissenschaft von den Himmelskörpern. (24) Diese lernte er auch von Ägyptern, die sich ganz besonders der Mathematik widmen. Von beiden nahm er die Lehren gründlich auf, mit ihren Übereinstimmungen und Widersprüchen, und ohne Präferenzen schritt er über ihre Streitigkeiten hinweg, um die Wahrheit zu erforschen. Denn sein Geist war für jegliche Falschheit unzugänglich, im Gegensatz zu den Parteikämpfern, die für die aufgestellten Thesen, wie auch immer sie gerade lauten mögen, eintreten, ohne zu prüfen, ob sie standhalten, und damit genauso handeln wie jene bezahlten Advokaten, denen das Recht keinen Gedanken wert ist.[51]

Das ist eine bemerkenswerte Beschreibung von Moses' Schulbildung. Rechnen und Geometrie, Rhythmik, Harmonik, Metrik, Musik, Astronomie: Dies sind Fächer des antiken Bildungskanons, wie er insbesondere in Platons *Politeia* beschrieben wird.[52] Später, wie hier bei Philon, lief er unter dem Begriff *enkyklios paideia* (ἐγκύκλιος παιδεία).[53] Philons Fächerliste erinnert an jene Platons, vor allem aber dürfte sie sich an Philons eigener Schulzeit orientieren. Wie wohl die meisten jüdischen Kinder der Oberschicht,

[51] Mos. 1,21–24.

[52] Plat. Rep. 526d ff.

[53] Phil. Mos. 1,23; cf. Fuchs (1962): Die Bezeichnung *enkyklios paideia* ist erst ab dem 1. Jh. v. Chr. belegt.

hat sich auch Philon die übliche Bildung der Zeit aneignen können.[54] In einer autobiographischen Notiz seiner Bildungsschrift *De Congressu Eruditionis Gratia* („Über das Zusammenleben um der Allgemeinbildung willen") blickt Philon auf seine Schulzeit zurück und listet drei Fachbereiche auf, von denen zwei – Geometrie und Musik – auch Teil von Moses' Ausbildung waren:

ἐγὼ γοῦν ἡνίκα πρῶτον κέντροις φιλοσοφίας πρὸς τὸν πόθον αὐτῆς ἀνηρεθίσθην, ὡμίλησα κομιδῇ νέος ὢν μιᾷ τῶν θεραπαινίδων αὐτῆς, γραμματικῇ, καὶ ὅσα ἐγέννησα ἐκ ταύτης, τὸ γράφειν, τὸ ἀναγινώσκειν, τὴν ἱστορίαν τῶν παρὰ ποιηταῖς, ἀνέθηκα τῇ δεσποίνῃ. (75) καὶ πάλιν ἑτέρᾳ συνελθών, γεωμετρίᾳ, καὶ τοῦ κάλλους ἀγάμενος – εἶχε γὰρ συμμετρίαν καὶ ἀναλογίαν ἐν τοῖς μέρεσι πᾶσι – τῶν ἐγγόνων οὐδὲν ἐνοσφισάμην, ἀλλὰ τῇ ἀστῇ φέρων ἐδωρησάμην. (76) ἐσπούδασα καὶ τρίτῃ συνελθεῖν – ἦν δὲ εὔρυθμος, εὐάρμοστος, ἐμμελής, μουσικὴ δὲ ἐκαλεῖτο – καὶ ἐγέννησα ἐξ αὐτῆς διατονικὰ χρώματα καὶ ἐναρμόνια, συνημμένα, διεζευγμένα μέλη, τῆς διὰ τεττάρων, τῆς διὰ πέντε, τῆς διὰ πασῶν συμφωνίας ἐχόμενα, καὶ πάλιν οὐδὲν αὐτῶν ἀπεκρυψάμην, ἵνα πλουσία μοι γένηται ἡ ἀστὴ γυνή, μυρίων οἰκετῶν ὑπηρετουμένη πλήθει.

(74) (…) Als ich nämlich zuerst vom Ansporn der Philosophie zur Sehnsucht nach ihr gereizt wurde, verkehrte ich, noch jung, mit einer ihrer Dienerinnen, der Grammatik. Und was ich von ihr zeugte – Schreiben, Lesen, die Geschichten der Dichter –, brachte ich der Herrin dar. (75) Darauf hatte ich mit einer anderen Dienerin Umgang, mit der Geometrie. Ich bewunderte ihre Schönheit, denn in allen ihren Gliedern war Symmetrie und Übereinstimmung, aber ich nahm nichts von ihren Erzeugnissen für mich selbst, sondern brachte sie alle der Berechtigten zum Geschenk. (76) Ich beeilte mich, noch mit einer dritten zusammenzukommen: Sie bestand aus schönen Rhythmen, Harmonien und Melodien. Ihr Name war Musik, und ich zeugte von ihr diatonische und enharmonische Tongeschlechter, verbundene und getrennte Melodien, Quarten-, Quinten- und Oktavenverbindungen. Und wieder verbarg ich nichts

[54] Cf. Mendelson (1982) 26–27.

von ihnen, damit meine legitime Gattin reich werde, von unzähligen Knechten bedient.[55]

Philons Fächerkanon stimmt nicht gänzlich mit jenem von Moses überein, wobei er generell keine abschließende Definition der *enkyklios paideia* kennt.[56] Moses und Philon werden jedenfalls in dieselbe Art Propädeutik eingeführt. Alan Mendelson, der ein wichtiges Buch zu Philons säkularer Bildung geschrieben hat, erklärt den gut hellenistischen Bildungsweg von Moses mit der apologetischen Absicht von *De Vita Mosis*. Philon habe über die „klassische" Ausbildung Moses' eine Brücke zur anvisierten nichtjüdischen Leserschaft des Traktats schlagen wollen.[57] Das scheint mir unwahrscheinlich. Generell hat man die apologetische Absicht von *De Vita Mosis* wohl überschätzt.[58] Viel eher geht es auch hier um Kontaktpunkte zwischen Moses und Philon und allenfalls auch um eine Botschaft an seine jüdische Leserschaft: Schon Moses hat eine säkulare Erziehung genossen!

Im Zentrum von *De Congressu Eruditionis Gratia* steht Philons Deutung von Abrahams Verbindung mit der Sklavin Hagar, die ihm zur Zeit von Sarais Unfruchtbarkeit einen Sohn gebärt (Gen 16). Nach Philon steht Hagar für die Grundausbildung, die *enkyklios paideia*, die nur als Vorbereitung für die philosophische Beschäftigung dient:

(74) (…) ἐπειδὴ μέλλει τὴν θεραπαινίδα φρονήσεως, τὴν ἐγκύκλιον παιδείαν, ἐγγυᾶσθαι, φησὶν ὅτι οὐκ ἐξελάθετο τῶν πρὸς τὴν δέσποιναν

---

[55] Phil. Congr. 74–76.

[56] Cf. Alexandre (1967a) 34–35; Mendelson (1982) 4.

[57] Mendelson (1982) 64: „Especially if we assume that De Vita Mosis is an apologetic work, there is every reason for Philo to elaborate any points of contact between the experience of his audience and that of his protagonist. One of these points would be encyclical education."

[58] Zuletzt Feldman (2007).

αὐτῆς ὁμολογιῶν, ἀλλ᾽ οἶδε μὲν ἐκείνην ἑαυτοῦ νόμῳ καὶ γνώμῃ γυναῖκα, ταύτην δὲ ἀνάγκῃ καὶ βίᾳ καιροῦ. (...) (79) καὶ μὴν ὥσπερ τὰ ἐγκύκλια συμβάλλεται πρὸς φιλοσοφίας ἀνάληψιν, οὕτω καὶ φιλοσοφία πρὸς σοφίας κτῆσιν. ἔστι γὰρ φιλοσοφία ἐπιτήδευσις σοφίας, σοφία δὲ ἐπιστήμη θείων καὶ ἀνθρωπίνων καὶ τῶν τούτων αἰτίων. γένοιτ᾽ ἂν οὖν ὥσπερ ἡ ἐγκύκλιος μουσικὴ φιλοσοφίας, οὕτω καὶ φιλοσοφία δούλη σοφίας.

(73) (...) Als er (Abraham) daran ging, sich mit der Dienerin der Vernunft, der enzyklischen Bildung, zu verloben, sagt er (Moses), dass er (Abraham) das Eheversprechen gegenüber der Herrin nicht vergessen habe, sondern wisse, dass jene nach Gesetz und eigenem Willen seine Frau ist, diese aber durch die Notwendigkeit und die Macht des Augenblicks. (...) (79) Und in der Tat, wie die enzyklische Bildung zur Aufnahme der Philosophie beisteuert, so auch die Philosophie zum Erwerb der Weisheit. Denn die Philosophie ist das Studium der Weisheit, die Weisheit aber die Wissenschaft von den göttlichen und menschlichen Dingen und deren Ursachen. Wie die enzyklische Bildung die Sklavin der Philosophie ist, ist also wohl auch die Philosophie die Sklavin der Weisheit.[59]

Philon beschreibt mit dieser allegorischen Deutung von Gen 16 in jüdischen Worten das bei paganen Autoren greifbare Modell einer Philosophie, die von den Grundwissenschaften eingeleitet wird. Ziel ist immer die Philosophie und letztlich die Weisheit (σοφία). In den Worten Platons sind alle anderen Wissenschaften „nur die Ouvertüren zur Melodie, welche eigentlich erlernt werden soll".[60] Philons allegorische Deutung dürfte eine Anlehnung an eine ganz ähnliche, mehreren Philosophen zugesprochene pagane Allegorie sein, nach der eine Beschränkung auf die enkyklischen Fächer den homerischen Freiern der Penelope gleichkäme, die sich nur mit deren Mägden vergnügten.[61]

---

59 Phil. Congr. 73.79

60 Plat. Rep. 531d (προοίμιά ἐστιν αὐτοῦ τοῦ νόμου ὃν δεῖ μαθεῖν).

61 Zu diesem Bild cf. Fuchs (1962) 382 und Alexandre (1967a) 62–64.

Dieses ideale Curriculum beschreibt Philon, wie wir gesehen haben, für seine eigene Jugend: Die Grundfächer sind bloß Dienerinnen der Philosophie. Und ganz ähnlich ersinnt Philon die Ausbildung des jungen Moses. Gewiss vermag nur Moses die internationale Lehrerelite anzuziehen, um sie anschließend gleich zu übertreffen.[62] Aber Philons und Moses' Curriculum decken sich darin, dass auch Moses zuerst die *enkyklios paideia* lernt,[63] um sich danach der Weisheit (φρόνησις)[64] zu widmen – wie es sich gehört für zwei junge Männer, die von einem kaum zu bändigenden Drang nach Bildung geprägt sind: Ein solcher Drang (παιδείας ἵμερον) sei ihm seit frühester Jugend in der Seele eingebunden gewesen, berichtet Philon von sich selbst.[65] Genauso eifert Philons Moses der Bildung nach (ἐζήλωσε παιδείαν)[66] und nimmt von seinen Lehrern auf, „was immer seiner Seele nutzen könnte"[67]. So stellt Philon seinen Moses in der *Vita Mosis* dar, und so sah er sich selbst.

Die *enkyklios paideia* wurde dem philonischen Moses von griechischen Lehrern beigebracht. Moses habe aber auch ägyptische Lehrer gehabt: Die Musik, Astronomie und Mathematik seien ihm (auch) von Ägyptern gelehrt worden.[68] Zudem sei Moses in die Symbolik der Hieroglyphen eingeführt worden. Philon geht sogar so weit, in diesem Zusammenhang auf die ägyptische Tierverehrung – sonst in der jüdischen (und paganen) Wahrnehmung ein beliebtes Ob-

---

[62] Phil. Mos. 1,21.

[63] Phil. Mos. 1,23 (τὴν δ'ἄλλην ἐγκύκλιον παιδείαν Ἕλληνες ἐδίδασκον).

[64] Phil. Mos. 1,25.

[65] Phil. Spec. 3,4.

[66] Phil. Mos. 1,32.

[67] Phil. Mos. 1,20.

[68] Phil. Mos. 1,23–24.

jekt des Spotts – zu verweisen.[69] Hier aber ist ihm das symbolische, das heißt allegorische, Philosophieren der Ägypter wichtig genug, um es zu einem Bestandteil von Moses' Curriculum zu machen.[70] Dieses Philosophieren gehört wie die griechische *enkyklios paideia* zu den Grundfächern, die das Sprungbrett zur Erkenntnis darstellen. Moses nimmt, so wie das dann auch die Hebräer beim Auszug aus Ägypten tun werden,[71] die profane Ausbildung auf seinen weiteren Lebensweg mit. Dass die ägyptische Allegorik in Philons Alexandrien durchaus eine gewisse Rolle im intellektuellen Diskurs der Zeit gespielt haben könnte, ist unlängst von Ekaterina Matusova betont worden.[72] Auch diesbezüglich dürfte Philon also sein eigenes intellektuelles Umfeld auf Moses projizieren.

Philons Moses durchläuft – rasch wie „ein Pferd im Feld" – das bestmögliche Curriculum der Zeit.[73] Moses

[69] Phil. Mos. 1,23. Zum negativen Ägypten-Bild Philons cf. Niehoff (2001) 45–74 und Pearce (2007).

[70] Zwar beschreibt Philon Moses' Lernen mehr als ein Erinnern als einen Neuerwerb von Wissen (Mos. 1,21), aber das ist eher als platonisches Stereotyp denn als Verneinung von Moses' Studium fremder Lehren zu verstehen. Wenn Philon ägyptisches Wissen aus Moses' Biographie hätte entfernen wollen (Niehoff (2001) 70), hätte er von den ägyptischen Lehrern gar nicht erst zu handeln brauchen.

[71] Phil. Her. 272–274; cf. Alexandre (1967b) 125.

[72] Matusova (2010) 33–35 (34–35: „By Philo's time Egyptian culture became in Egypt highly significant as a symbolical culture and the barbarian culture par excellence. This locates Philo in a special set of circumstances in which, when using the tradition of allegorical interpretation of *hieroi logoi*, he could not avoid clear allusions to the Egyptian context as paradigmatic for his approach"). Dass sich bei Philon auch „Spuren anderweiter, namentlich orientalischer Bildungselemente" finden lassen, vermutet schon Siegfried (1875) 140–141.

[73] Phil. Mos. 1,22. Das Sprichwort lautet genauer „Reiter in die Ebene locken" und handelt von Personen, die zu Handlungen auf-

lernt von seinen ägyptischen und griechischen Lehrern, lässt sie dann aber hinter sich: „er schritt über ihre Streitigkeiten hinweg, um die Wahrheit zu erforschen.“[74] Philons Judentum, vertreten durch Moses, lässt die Lehren anderer Völker hinter sich, es ist aber auf Impulse der Wissenschaft der anderen angewiesen. Der philonische Moses denkt dabei nicht nur den biblischen Moses weiter und verleiht ihm eine für die Zeit „klassische“ Ausbildung (während der Moses der Tora nicht zur Schule geht, erst recht nicht am Hofe des Pharao), sondern ersinnt eine Variante, die weder einfach die traditionelle (biblische) Moses-Version der jüdischen Minderheit aufnimmt, noch sich einfach den Regeln der *Paideia* der dominanten (hellenistisch-römischen) Kultur anpasst. Philon vertritt etwas neues drittes, sozusagen leidenschaftslos zwischen diesen beiden Polen hindurch schreitend. Sowohl Philon als auch sein Moses nehmen die Wissenschaft der Zeit auf, um dann aber doch ihren eigenen Weg zu suchen. Es geht Philon um eine stetige Neu-Situierung der jüdischen Tradition im Kontext der zeitgenössischen Philosophie und Wissenschaften; es geht ihm um den Versuch, aus Paradoxien jüdischer Tradition Sinn zu schaffen und neben den jüdischen auch die nichtjüdischen Diskurse miteinzubeziehen.

Gewiss bot sich die Darstellung eines mehrfachen Bildungsweges des Moses schon deswegen an, weil der biblische Moses zunächst am ägyptischen Hof aufwächst, bevor

---

gerufen werden, für die sie gleichsam prädestiniert sind. Ein Reiter liebt die Ebene, Sokrates liebt das Argumentieren (Plat., Tht. 183d: „Das heißt Reiter in die Ebene locken, wenn man den Sokrates auf Reden herausfordert. Frage ihn nur, und du wirst es wohl erfahren.“). An der Philon-Stelle wird der lerneifrige Moses mit einem losgelassenen Pferd verglichen, das in der Ebene freie Bahn hat.

[74] Phil. Mos. 1,24.

er zu seinen israelitischen Eltern zurückkehrt. Die biblische Aussetzungsgeschichte konnte als literarische Plattform für die Beschreibung einer jüdisch-hellenistischen Erziehung dienen. Auch schildert Philon nicht als erster eine solche „doppelte" Erziehung.[75] Der jüdische Tragiker Ezechiel lässt in der *Exagoge*, einer dramatischen Inszenierung des Exodus aus dem zweiten Jh. v. Chr., Moses im Prolog gleich selbst von seiner jüdischen wie auch ägyptischen Ausbildung berichten. Ezechiels Moses pendelt dabei von seiner Geburt an zwischen jüdischem und ägyptischem Einflussbereich: Die ägyptische Prinzessin rettet den Knaben aus dem Nil und überlässt das Kind zur Ernährung zuerst seiner Mutter. Als es Zeit wird, Moses wie vereinbart an den ägyptischen Hof zu bringen, habe ihm seine Mutter zuerst alles über die „väterliche Abkunft und die Gaben Gottes" berichtet, ihm zuerst also sozusagen eine jüdische Erziehung ermöglicht. Danach aber sei er am ägyptischen Hof von der Prinzessin auch in die ägyptische Bildung (παιδεύματα) eingeführt worden.[76]

Sowohl aus Ezechiels als auch aus Philons Darstellung von Moses Bildungsweg spricht die im jüdischen Hellenismus verbreitete Überzeugung, dass sich Jüdisches und Paganes fruchtbar ergänzen konnten. Aber Philon ist viel detaillierter und konkreter als Ezechiel. Und Philon fügt die Philosophie hinzu. Nach Philon hat Moses die Philosophie nicht etwa selbst erfunden, wie dies im zweiten Jh. v. Chr.

---

[75] Die jüdische Ausbildung Moses' kommt hier nicht wirklich zum Tragen. Dass für ihn neben einer „weltlichen" auch eine jüdische Ausbildung selbstverständlich war, steht aber außer Frage: cf. Mendelson (1982) 26.

[76] Ezechiel, Exagoge v. 35–37: γένος πατρῷον καὶ θεοῦ δωρήματα. Cf. Barclay (1996) 138 und Bloch (2005).

noch Artapanus behauptet hatte.[77] Vereinzelt betont zwar auch Philon durchaus die Anciennität der jüdischen Philosophie: So sei die Ansicht, dass Tugend Glück bedeute, bereits von Moses vertreten worden (Philon verweist auf Ex 4,14) und es gäbe keinen Grund, hierfür die (griechischen) Philosophen zu bewundern.[78] Heraklits These, dass Gegensätzliches auf ein und dasselbe zurückgehe, sei keine „neue Erfindung", sondern „ein alter Fund des Moses".[79] Und auch Zenon schöpfte aus der „Quelle der jüdischen Gesetzgebung".[80] Aber Philon behauptet nirgends die absolute Primordialität jüdischer Philosophie. Vielmehr stützt er sich offen auf seine philosophischen Vorgänger, insbesondere natürlich Platon, geht dann aber seinen eigenen Weg. Philon wählt jenen Weg der Dialektik, den er auf Moses überträgt: Er nimmt die unterschiedlichen Ansätze seiner Lehrer und seiner Umgebung auf, um dann seine eigene Philosophie zu formulieren. Dies ließe sich an vielen Beispielen zeigen. Etwa, um in *De Vita Mosis* zu bleiben, wenn Philon zu Beginn des zweiten Buches zuerst Platon zitiert, nach dem in einem idealen Staat entweder die Könige Philosophen oder aber die Philosophen Könige werden müssten.[81] Moses aber, fährt Philon fort, verkörperte beides, König und Philosoph, ja sogar noch drei weitere Bereiche: die Gesetzgebung, das Priestertum und die Prophetie.

Es sind demnach ganz unterschiedliche Bereiche, in denen sich Philons eigene Vorstellungen in seiner Moses-Figur spiegeln. Dass ein Autor seine Thesen durch einen Protagonisten seiner Schrift vertreten lässt, ist ein in der

---

[77] Cf. oben S. 40.

[78] Phil. Mut. 167–168.

[79] Phil. Her. 214 (παλαιὸν εὕρεμα Μωυσέως).

[80] Phil. Prob. 57 (ἀπὸ πηγῆς τῆς Ἰουδαίων νομοθεσίας).

[81] Phil. Mos. 2,2 nimmt Plat. Rep. 473d auf.

Literatur weit verbreitetes Phänomen. Im Fall von Philons Moses aber bot sich dies aufgrund von „biographischen" Parallelen – der ägyptischen Herkunft, des politischen Einsatzes für die jüdische Sache gegenüber nichtjüdischen Herrschern, jüdisch-hellenistischer Vorgaben von Moses als Philosoph – besonders an. Philon spricht in seinem Werk durch, mit und in Moses.[82] Ist dies als ein Zeichen bescheidener Bewunderung für Moses oder eher als Hybris zu verstehen? Vielleicht ein wenig von beidem. Jedenfalls sollte Philons Moses-Porträt in *De Vita Mosis* bei der Suche nach dem historischen Philon miteinbezogen werden. In *De Vita Mosis* ist eine Art „Tagespolitik" festzumachen, die diesen Traktat eher zu einem späten als zu einem frühen macht. Und es ist ein Traktat mit autobiographischen Momenten. Beide Beobachtungen können uns helfen, die Person Philon von Alexandrien etwas besser zu verstehen.

---

[82] Cf. hierzu auch Najman (2002) 100–107

3. Deliberationen am Schilfmeer: Jüdisches und Paganes in Pseudo-Philos *Buch der Biblischen Altertümer*

Pseudo-Philos *Buch der Biblischen Altertümer* ist eine der rätselhaftesten Schriften des antiken Judentums. Autor, Titel und Text sind allesamt problematisch. Einige einleitende Worte sind deswegen gewiss am Platz: Der Name Pseudo-Philo ist irreführend. Er erklärt sich dadurch, dass man einst davon ausgegangen war, es handle sich bei der nur lateinisch erhaltenen Schrift *Liber Antiquitatum Biblicarum* um einen weiteren Traktat Philons von Alexandrien. Die genauen Hintergründe dieser Fehleinschätzung sind nicht klar, der Text wurde aber offensichtlich zusammen mit lateinischen Übersetzungen Philons (bzw. weiteren ihm zugeschriebenen Schriften) überliefert. Die Erstedition stammt vom Basler Humanisten und Rechtsgelehrten Johannes Sichard (Basel 1527).[1]

Eine Zuschreibung zum philonischen Œuvre drängt sich keinesfalls auf: Weder bezüglich Stil noch bezüglich Argumentationsgang hat diese Schrift etwas mit dem alexandri-

[1] Johannes Sichardus (Hg.), Philonis Judaei Alexandrini, *Libri antiquitatum; Quaestionum et solutionum in Genesin; De Essaeis; De nominibus Hebraicis; De mundo*, Basel 1527. Zentral für alle Forschungen zu Pseudo-Philo ist der überragende Kommentar von Howard Jacobson: Jacobson (1996). Jacobson druckt die Edition von Harrington (1976), nach der auch hier zitiert wird. Grundlegend sind auch die einführenden Erklärungen von Cohn (1915) und Feldman (1971).

nischen Philosophen gemeinsam. Auch versuchte der Autor seinerseits nicht, für dieses Werk in die Identität Philons zu schlüpfen. Es handelt sich um keine Pseudepigraphie. Pseudo-Philo ist also ein doppelt irreführender Name. Man könnte ihn Anonymus nennen, wenn dieser Name nicht schon für Pseudo-Eupolemus – ein anderes Sorgenkind in der antiken jüdischen Autorenlandschaft – verwendet würde. *Faute de mieux* und im Einklang mit der Forschung werden wir dennoch von Pseudo-Philo sprechen. Ähnliches gilt für den etwas willkürlichen Titel des Werks. Es wird sich kaum um den ursprünglichen handeln – nur schon deswegen, weil das Werk keineswegs den gesamten Tanach in den Blick nimmt. Aber auch in diesem Punkt folgen wir der gängigen Forschungssprache und handeln vom *Liber Antiquitatum Biblicarum* oder *Buch der Biblischen Altertümer* des Pseudo-Philo.

Das Buch ist eine um viele Ergänzungen erweiterte Nacherzählung der Hebräischen Bibel vom Anfang der Welt und Adam – das Werk setzt ein mit „Am Anfang der Welt (*initio mundi*) zeugte Adam drei Söhne und eine Tochter“[2] – bis zum 1. Buch Samuel. Es handelt sich um eine Art „Reader's Digest“, wobei der Autor nicht nur auswählt und Schwerpunkte setzt, sondern gleichsam mit dem biblischen Text jongliert: Howard Jacobson hat gezeigt, wie Pseudo-Philo immer wieder biblische Verse von ihrem Ursprungsort in andere Kontexte transferiert und schon dadurch etwas Neues kreiert.[3] Pseudo-Philo fügt zudem manch Erzählerisches und Erbauliches (Haggadisches) ein, das uns sonst erst aus späteren rabbinischen Texten bekannt ist oder sich nur hier findet. Letzteres hat unser Werk mit den *Jüdischen*

---

[2] LAB 1,1.

[3] Jacobson (2012) 181–184.

Altertümern (*Antiquitates Iudaicae*) des Flavius Josephus gemeinsam, der seine ebenfalls freimütige biblische Paraphrasierung aber bis zu seiner eigenen Zeit führt. Beide Texte, jener des Josephus wie jener des Pseudo-Philo, werden zum Genre der „Rewritten Bible" gezählt, beide Texte gehen midraschartig vor bzw. tragen mitunter Material zusammen, das sich auch in Midraschim findet.

Autorschaft und Titel sind freilich nicht die einzigen Schwierigkeiten unseres Textes. Weitaus gewichtiger ist der Umstand, dass der Urtext verloren ist. Die *Biblischen Altertümer* waren, darüber herrscht aufgrund der zahlreichen Semitismen Einigkeit, ursprünglich auf Hebräisch verfasst.[4] Dem lateinischen Text lag wiederum (höchstwahrscheinlich) eine griechische Fassung zugrunde. Das Latein unserer Fassung ist spätantik; nach Leopold Cohn wurde sie angesichts der sprachlichen Nähe zu lateinischen Bibelübersetzungen vor Hieronymus, spätestens im vierten Jahrhundert verfasst.[5] In welcher Zeit der hebräische Urtext niedergeschrieben wurde, ist durchaus umstritten: Manche plädierten für eine Entstehungszeit vor dem Fall des Jerusalemer Tempels im Jahre 70, manche für eine Zeit zwischen 70 und dem Bar Kochba-Aufstand, wieder andere für die Spätantike.[6] Man geht davon aus, dass das hebräische Original in Palästina entstanden ist. Umstritten ist wiederum, ob der Text vollständig ist, da er mit dem Tod Sauls etwas abrupt zu enden scheint.

---

[4] Ein Teil des hebräischen Urtexts kann aufgrund von Parallelen mit der Chronik des Jerachmeel zumindest erahnt werden: cf. Harrington (1974).

[5] Cohn (1898) 327–331.

[6] Vor 70 n.Chr.: Bogaert (1976); nach 70 n.Chr.: zuerst Cohn (1898) 327; vor dem Bar Kochba-Aufstand: Dietzfelbinger (1979) 95; Spätantike: Zeron (1980) 52. Zur Datierungsfrage cf. auch Feldman (1971) 33–41.

Vom *Buch der Biblischen Altertümer* oder *Liber Antiquitatum Biblicarum* zu handeln, bedeutet also, sich mit einem Werk auseinanderzusetzen, dessen Autor wir nicht kennen, dessen Entstehungszeit unklar ist und das nur in zweiter Übersetzung vorliegt. Trotz bzw. gerade wegen dieser bedenklichen Überlieferungslage lohnt es sich, diesen Text genauer in den Blick zu nehmen und dabei nicht zuletzt zu versuchen, die Einleitungsfragen weiter zu klären. Auch hier tritt uns ein Autor entgegen, der die biblische Vorlage auf innovative und weit heterogenere Art und Weise als bisher angenommen für sich fruchtbar macht. Eine Frage soll im Folgenden im Zentrum stehen: Wie wird in diesem Werk mit paganer Religion und Kultur umgegangen? Ich werde mich dieser Frage auf zwei Wegen annähern. Im ersten Teil steht Pseudo-Philos Umgang mit Bildern, gleichsam seine Ästhetik, im Zentrum. Im zweiten Teil wird allgemeiner nach den im Werk thematisierten (bzw. inszenierten) Strategien im Umgang mit der nichtjüdischen Welt gefragt.

So sehr Pseudo-Philo zuerst einmal die biblische Geschichte von Adam bis Saul paraphrasiert, steht doch außer Zweifel, dass dieser Autor auch seine eigene Zeit, sein eigenes Lesepublikum und sich selbst im Auge hat. Er geht dabei gleichsam auf den Spuren seiner eigenen Figuren. Frederick J. Murphy hat mit Recht darauf verwiesen, dass Pseudo-Philo seine biblischen Neuschaffungen wiederholt Bezüge zwischen früheren Zeiten und ihrem „Jetzt“ herstellen lässt[7]: So bringt Deborah den Sieg über Sisera mit Abrahams Rettung aus dem Feuerofen in Verbindung (Kap. 32). Und Amram begründet seinen Entschluss, trotz der Drohung des Pharao mit seiner Frau zu schlafen und

[7] Murphy (1988) 284–285.

den Moses zu zeugen, kühn mit den einstigen Handlungen Tamars, die nach Gen 38 als Hure verkleidet ihren Schwiegervater Juda verführte, um von ihm ein Kind zu haben (Kap. 9). Diese Figuren nutzen Vergangenes zum besseren Verständnis ihrer Gegenwart, und dies tut, wie wir sehen werden, Pseudo-Philo auch für sich selbst.

Pseudo-Philos Ästhetik

Pagane Religiosität ist im *Liber Antiquitatum Biblicarum* vor allem in der Form der Bilder- und Götterverehrung sehr präsent. Idolatrie wird von Pseudo-Philo heftig und regelmäßig verurteilt, und zwar gleich von Beginn des Werks bzw. von Beginn der Weltgeschichte an. Schon zu Zeiten von Noahs Söhnen, hält Pseudo-Philo kritisch fest, hätten die Erdbewohner begonnen, „die Sterne zu betrachten und angefangen, sich aus ihnen (Dinge) auszudenken und Weissagungen zu machen sowie ihre Söhne und Töchter durch Feuer gehen zu lassen.“[8] Idolatrie, hier in Form von Astrologie, war seit Urzeiten eine Bedrohung. Die Bildergefahr ist ein Leitmotiv des Werks: Dass Moses nicht das Heilige Land erreichen darf, wird bei Pseudo-Philo damit begründet, dass er so nicht die Bilder sehen müsste, über die das Volk auf Abwege verleitet würde.[9]

Ein Beispiel unter vielen, wo Pseudo-Philo das Bilderverbot thematisiert, ist seine Neufassung von *Richter* 17–18.

---

[8] LAB 4,16: *Tunc ceperunt hi qui habitabant in terra inspicere in astra, et inchoaverunt ex his imaginari et divinationes facere, et filios et filias suas traicere per ignem*. Ganz anders Philon von Alexandrien: Nach ihm weckt die Sicht der Sterne den Drang zur Philosophie: Op. 54.

[9] LAB 19,7: *ne videas sculptilia in quibus incipiet populus hic implanari et deviari.*

In der biblischen Vorlage wird vom Ephraimiten Micha, seinem Gotteshaus und seinem Priester berichtet. In jener Zeit, als es noch keine Könige in Israel gab, stellte, so das Richterbuch, ein Feinschmied im Auftrag von Micha und seiner Mutter „ein geschnitztes und ein gegossenes Bild" her.[10] Pseudo-Philo baut diese biblische Vorlage aus und gestaltet sie zu einer Warnung vor dem Götzendienst. Er bringt die Stelle explizit in Verbindung mit dem Dekalog und lässt Gott den Juden Vertragsbruch vorwerfen: „Ich habe (doch) gesagt, sie sollten keine Götzenbilder machen, und sie waren einverstanden, keine Bilder von Göttern herzustellen."[11] Für Pseudo-Philo stehen und fallen die 10 Gebote mit der Einhaltung des Bilderverbots. So lässt Gott angesichts der Untaten Michas den Dekalog nochmals Revue passieren und verweist nach dem 10. Gebot erneut auf das Bilderverbot.[12] Pseudo-Philo beschreibt die Vergehen Michas *en détail*. Und diese Details sind interessant:

Et profectus est Michas, et fecit omnia quecumque preceperat ei mater sua. Et exsculpsit et fecit sibi effigies tres puerorum et vitulorum et leonem, aquilam et draconem et columbam. Et factum est ut omnes qui seducebantur venirent ad eum, et si qui voluissent pro uxore interrogare per columbam interrogarent eum, si quis autem pro filiis per effigies puerorum. Qui vero pro divitiis per speciem aquile, qui pro fortitudine per leonis effigiem consulebat eum. Si autem pro pueris et pro puellis per effigies vitulorum interrogabat, nam si pro longitudine dierum per draconis effigiem interrogabat.

Und Micha machte sich auf, alles zu tun, was ihn seine Mutter geheißen hatte. Er formte und machte sich je drei Bilder von Knaben

[10] Ri 17,3.

[11] LAB 44,6: *dixi ut non facerent idola, et consenserunt ut non sculperent effigies deorum.*

[12] LAB 44,7: „dass sie keine Götzenbilder, keine Werke von Göttern machen" (*ut non facerent idola, nec opera deorum*).

und Kälbern, einen Löwen, einen Adler, eine Schlange und eine Taube. Und es geschah, dass alle, die verführt wurden, zu ihm kamen: Wenn sie wegen ihrer Gattin fragen wollten, taten sie dies mittels der Taube, wegen der Söhne mittels der Knabenbilder. Diejenigen aber, die wegen Gelddingen fragen wollten, suchten bei ihm Rat mittels des Adlerbildes, jene wegen der Stärke mittels des Löwenbildes. Wer aber wegen der Knaben und Mädchen fragte, tat dies mittels der Kälberbilder und wenn jemand wegen der Länge der Tage, dann mittels des Schlangenbildes.[13]

Hier ist geradezu von einer Bilderflut die Rede, die Micha verantwortet. Nicht mehr nur ein „geschnitztes und ein gegossenes Bild" ist, wie noch im Richterbuch, das Objekt der Kritik; jetzt sind es 10 Bilder (teils Tiere, teils Menschen darstellend), die von Pseudo-Philo kritisch in Szene gesetzt werden. Micha hat sozusagen für jedes Bedürfnis das richtige Bild zur Hand. Man hat hier und an anderen Orten stark den Eindruck, dass Pseudo-Philo die Bilderflut seiner eigenen Zeit vor Augen hat und diese hier in die Richterzeit projiziert. Hubert Cancik hat im Zusammenhang mit dem talmudischen Traktat *Avoda Zara* (*Über den Götzendienst*), auf den wir gleich zu sprechen kommen werden, die Bilderwelt der Kaiserzeit ganz treffend wie folgt beschrieben:

Bilder aus Erz, in Stein und Ton, gemalt, gewebt, sind in der griechisch-römischen Kultur der Kaiserzeit massenhaft, unübersehbar, unvermeidlich, allgegenwärtig im öffentlichen und privaten Raum, zu Festen und im Alltag. Sie stehen als Schmuck auf den Tempelfirsten, in den Giebelreliefs, in Erz getrieben auf den großen Tempeltüren, als Kultbild im Innern der Cella. Das Kultgerät, Kandelaber, Kessel, Eimer, Wägen sind mit Ornamenten und Bildern überzogen. In den Portiken und Gärten um das Heiligtum stehen die Bilder frei, in Nischen, in Häuschen, auf Pfeilern. Es sind einzelne

13 LAB 44,5.

Figuren oder Gruppen, die verwickelte Mythen erzählen. Sie halten Symbole in den Händen: Szepter, Kugel, Kranz, Donnerkeil. Ihre Boten- und Erscheinungstiere stehen dabei: Adler, Pfau, Eule, Taube für Zeus, Hera, Athene, Aphrodite.[14]

Wenn Pseudo-Philo bestimmte Lebenssituationen wie Liebe, Stärke und Gesundheit mit Symbolen wie der Taube, dem Löwen und der Schlange verbindet, fließen wohl Eindrücke aus seiner paganen Umwelt ein.[15] Ein jüdischer Zusammenhang kann zwar auch nicht ausgeschlossen werden – Tauben können im Talmud als Symbol ehelicher Treue verstanden werden[16] –, aber im Vordergrund stehen hier pagane Bilder: Die Taube gehört zur Aphrodite / Venus, der Adler zu Zeus / Iuppiter, die Schlange zum Heilgott Asklepios, an den man sich eben wegen der erwünschten „Länge der Tage" richtet.

Die Mischna *Avoda Zara*, redigiert in Palästina bis ca. 200 n. Chr., schildert ähnlich punktuell eine pagane Bilderwelt, mit der die Juden konfrontiert sind:

כל הצלמים אסורים מפני שהן נעבדין פעם אחת בשנה דברי רבי מאיר. וחכמים אומרים אינו אסור אלא כל שיש בידו מקל או צפור או כדור. (...) המוצא כלים ועליהם צורת חמה צורת לבנה צורת דרקון יוליכם לים המלח. רבן שמעון בן גמליאל אומר שעל המכבדין אסורים שעל המבזין מותרין.

Alle Bildwerke sind verboten, weil sie einmal pro Jahr verehrt werden, Worte des Rabbi Meir. Die Weisen aber sagen, verboten seien nur jene, die einen Stab oder einen Vogel oder eine Kugel in der Hand haben. (...) Wenn jemand Geräte findet, auf denen sich das Bild der Sonne, das Bild des Mondes oder das Bild einer Schlange findet, so werfe man sie ins Salzmeer. Rabban Simon ben Gamliel sagt, auf verehrten sind sie verboten, auf unbeachteten sind sie erlaubt.[17]

---

[14] Cancik (2004) 273. Cf. auch Schäfer (2002).

[15] Cf. zu dieser Stelle Jacobson (1996) 1007–1009.

[16] bEruwin 100b. Jacobson (1996) 1008.

[17] mAvoda Zara 3,1.3

Der rabbinische Text ist hier mit einer ähnlichen Bilderwelt vertraut, wie wir sie bei Pseudo-Philo im Zusammenhang mit dem Ephraimiten Micha antreffen: Vogel und Drache bzw. Schlange werden ebenfalls genannt, und von der Gefahr der Gestirne handelt Pseudo-Philo anderswo.[18] *Avoda Zara* scheut ähnlich wie Pseudo-Philo die pagane Bilderwelt: „alle Bilder sind verboten" (כל הצלמים אסורים). Das Verbot bezieht sich freilich, das wird in *Avoda Zara* rasch deutlich, in erster Linie auf die Bilder*nutzung*. Erst wenn Bilder in einem kultischen Zusammenhang stehen, werden sie zu einem Problem. Dies lässt sich an einem Text in der Mischna *Avoda Zara* besonders schön zeigen, auf den ich verweisen möchte, bevor wir zu Pseudo-Philo zurückkehren.

Exkurs: Rabban Gamliel im Bad der Aphrodite (Mischna *Avoda Zara* 3,4)

שאל פרוקלוס בן פלוספוס את רבן גמליאל בעכו שהיה רוחץ במרחץ של אפרודיטי; אמר לו כתוב בתורתכם "ולא ידבק בידך מאומה מן החרם". מפני מה אתה רוחץ במרחץ של אפרודיטי. אמר לו אין משיבין במרחץ. וכשיצא אמר לו אני לא באתי בגבולה היא באת בגבולי; אין אומרים נעשה מרחץ לאפרודיטי נוי אלא אומרים נעשה אפרודיטי נוי למרחץ.

In Akko fragte der Philosoph Proklos Rabban Gamliel, der im Bad der Aphrodite badete, indem er ihm sagte: „In eurer Tora steht geschrieben ‚Und an deiner Hand soll überhaupt nichts vom Bann kleben' (Dtn 13,18). Warum also badest du im Bad der Aphrodite?" Er antwortete ihm: „Man antwortet nicht im Bad." Und als er herausgegangen war, sagte er zu ihm: „Ich bin nicht in ihr Gebiet gekommen, sie ist in mein Gebiet gekommen. Man sagt nicht: ‚Das Bad ist für Aphrodite zum Schmuck gemacht worden', sondern man sagt: ‚Aphrodite ist zum Schmuck für das Bad gemacht worden.'"

[18] LAB 4,16.

Falls es sich, wie gemeinhin angenommen, bei Rabban Gamliel um Gamliel II. handelt, so spielt die Szene im späten ersten oder frühen zweiten Jh. n. Chr.[19] Das Gespräch zwischen dem Philosophen Proklos und Rabban Gamliel gehört „zum literarischen Genre der philosophischen Diskussion im Bad“[20] und ist insofern zuerst einmal Fiktion – freilich eine vielsagende. Das Bad trägt wohl wegen einer dort sich befindenden Aphroditestatue diesen Namen. Proklos, offensichtlich ein Nichtjude, provoziert den sich im Bad der Aphrodite zu Akko (Ptolemais) befindenden Gamliel mit einem Hinweis auf einen biblischen Vers (Dtn 13,18), der doch, so ist zu verstehen, als Verbot mit Nichtjüdischem in Kontakt zu treten, zu verstehen ist. Auf die Frage, warum er dennoch im Bad der Aphrodite bade – und, so wird weiter impliziert, dadurch *Avoda Zara*, Götzendienst, betreibe –, weicht Rabban Gamliel vorerst aus: „Man antwortet nicht im Bad.“ In der die Mischna kommentierenden Gemara, aber auch in der Forschung wurde versucht, den halachischen Hintergrund dieser Antwort zu eruieren (warum darf man nicht im Bad antworten? Wobei die Frage schon insofern ad absurdum führt, als Rabban Gamliel ja sehr wohl antwortet!). Rabban Gamliel spielt freilich nur auf Zeit. Nachdem beide das Bad verlassen haben, ist sich Rabban Gamliel der Antwort sicher: *Er* sei nicht in das Gebiet der Aphrodite gekommen; er also sei nicht etwa in das pagane Territorium des Götzendienstes vorgedrungen; denn Aphrodite sei nur die Zierde des Bads, nicht etwa umgekehrt. Rabban Gamliel hat sich, so kann man sich

---

[19] Die Stelle ist viel diskutiert, cf. v. a. Schwartz (1998), id. (2001) und Yadin (2006).

[20] Jacobs (1998) 262 (mit Verweis auf Eunapios von Sardes, nach dem Jamblich mit seinen Schülern in die Thermalbäder von Hammat Gader ging).

vorstellen, im Apodyterium, im Umkleideraum des Bades, eine gute Antwort ausgedacht. Das Bad der Aphrodite, so ist offenbar zu verstehen, ist nur ein Vergnügungs- und Erholungsort, jedenfalls kein Ort des Kults.

Rabban Gamliel hat sich in ein Bad begeben, dessen Aphrodite aus paganer Sicht kaum derart frei von religiöser Bedeutung war, wie Rabban Gamliel bzw. der Mischna-Text sich einzureden versucht. Wie Emmanuel Friedheim gezeigt hat, war der Aphroditekult in Palästina, auch in Akko, in spätantiker Zeit durchaus präsent, gerade auch in Bädern.[21] Aus Akko sind zudem auch Münzen bekannt, die Aphrodite zeigen.[22] Die Mischna inszeniert also eine durchaus realistische Episode. Sie deutet aber eine pagan-religiös konnotierte Figur rein ästhetisch, um den Gang in das Bad der Aphrodite zu ermöglichen.[23] Rabban Gamliel hat, herausgefordert durch einen heidnischen Philosophen, den ihm erlaubten Raum um jenen des Aphrodite-Bads erweitert, indem er nach kurzem Zögern das Bad als „götzendienstfrei" erklärt hat. Das Bad der Aphrodite wird zu einem gemeinsamen öffentlichen Raum deklariert. „Alle Bilder sind verboten", heißt es zwar scheinbar unmissverständlich im Traktat *Avoda Zara*; aber der Traktat ringt gleichzeitig mit Möglichkeiten, den Bildern doch nicht ganz auszuweichen.

Kehren wir nun zu Pseudo-Philo zurück. Dass auch er mit der paganen Bilderwelt vertraut ist, haben wir schon erwähnt. Dass auch dieser Autor darüber hinaus Bilder für sich akzeptieren kann und sie nicht durchweg verurteilt, zeigt sich am Rande seiner Paraphrase der biblischen

---

[21] Friedheim (2006) 69–107.

[22] Jacobs (1998) 263–264.

[23] Cf. Schwartz (1998) 213–215.

Geschichte von der Revolution Korachs. In der Version des Pseudo-Philo versucht Korach, seine sieben Söhne auf seine moseskritische Seite zu bringen. Doch Korachs Söhne bleiben ihrem Gott treu. Hier nun holt Pseudo-Philo zu einem bemerkenswerten Vergleich aus. Die Söhne Korachs lassen ihrem Vater folgendes ausrichten:

Sicut imaginem non ostendit pictor per artem nisi ante doctus fuerit, ita nos legem Fortissimi accipientes que docet nos vias eius non intravimus in eas, nisi ut in eis ambulemus.

So wie ein Maler ein Bild nicht als Kunst zeigt, wenn er nicht vorher unterrichtet worden ist, so haben wir, die wir das Gesetz des Allmächtigen empfangen haben, das uns seine Wege lehrt, diese nur betreten, um in ihnen zu wandeln.[24]

Das Latein des Übersetzers ist etwas holprig und der Vergleich verläuft nicht ganz parallel. Dennoch wird klar, was hier Korachs Söhne zum Ausdruck bringen wollen: Sie wollen nach dem göttlichen Gesetz leben; dies ist die Lehre, die sie empfangen haben – ganz entsprechend einem Maler, der nur dann kunstvoll malen kann, wenn er in seiner Kunst ausgebildet wurde. Gerade in einem religiös stark aufgeladenen Kontext – der Polemik um die Rotte Korach! – greift Pseudo-Philo auf eine Metapher aus der Kunst zurück. Wer das Gesetz Gottes erhalten hat, kann auf diesen Wegen gehen. Genauso wie jene, die die Kunst erhalten haben, auf jenen Wegen gehen können: Dies ist angesichts der sonstigen Bilderpolemik bei Pseudo-Philo eine bemerkenswerte, ja erstaunliche Parallelisierung.[25] Sie deutet darauf hin, dass

[24] LAB 16,5.

[25] Bei Philon von Alexandrien finden sich ähnliche Kunstmetaphern, cf. Op. 10: „Es begreift die Vernunft nämlich, dass der Vater und Schöpfer sich um das Geschaffene sorgt; denn ein Vater sieht ja nach den Kindern und ein Künstler nach dem Verbleiben seiner Kunstwerke."

auch Pseudo-Philo der Kunst nicht *a priori* negativ gegenüber steht. Die Kritik am Bilder*kult* schloss eine Akzeptanz oder gar Wertschätzung von Bildern nicht aus. Pseudo-Philo wäre wohl auch im Bad der Aphrodite geschwommen.

Diese Verbindung von Kritik und Akzeptanz lässt sich in Palästina v. a. ab dem zweiten Jh. n. Chr. beobachten.[26] Solange es zu keinen kultischen Handlungen kam, war vieles möglich. In jüdischen Häusern und Ritualbädern im galiläischen Sepphoris wurden Abbildungen von mythologischen Figuren wie Helios, Pan, Prometheus, Orpheus und Dionysos gefunden. In Synagogen in Chamat Tiberias, Bet Alfa, Huseifa, Naaran und Sepphoris waren Mosaike mit den Figuren des Zodiakon, teils mit Helios auf dem Sonnenwagen im Zentrum, anscheinend problemlos möglich. Eine Bemerkung aus dem Traktat *Avoda Zara* des *Jerusalemer* Talmuds handelt von diesem offenbar allmählich freizügigeren Umgang mit Bildern:

ביומוי דרבי יוחנן שרון ציירין על כותלא ולא מחי בידייהו.

In den Tagen von Rabbi Johanan (3. Jh. n. Chr.) fing man an, die Mauern mit Bildern zu bemalen, und er hinderte sie nicht.[27]

Was wir bereits im Zusammenhang mit dem Bad der Aphrodite in Akko / Ptolemais festgehalten haben, gilt dabei auch hier. Figürliche Darstellungen sind erlaubt, solange damit keine Verehrung verbunden war. Der in späterer Zeit (8. / 9. Jahrhundert) verfasste, aber ältere Quellen zusammentra-

Cf. auch Op. 41.67.141; Abr. 267; Ios. 39.87.

[26] Das Folgende nach Bloch (2011) 81–83, dort mit weiterführender Literatur.

[27] jAvoda Zara 3,3,42d (nach G. A. Wewers, *Avoda Zara. Götzendienst*, Tübingen 1980, dort auch zur Ergänzung „in den Tagen von Rabbi Abbun (=Bun) (4. Jh. n. Chr.) fing man an, die Mosaiken mit Bildern zu bemalen, und er hinderte sie nicht").

gende Targum Pseudo-Jonathan schreibt das Bilderverbot von Lev 26,1 („Ihr sollt euch keine Götzen machen und euch kein Gottesbild und keinen Malstein aufrichten und keinen Stein mit Bildwerk in eurem Land aufstellen, um euch davor niederzuwerfen") kühn wie folgt fort: „Hingegen ein Mosaik, auf dem Bilder und Figuren dargestellt sind, könnt ihr auf den Boden eurer Heiligtümer legen; aber nicht zur Verehrung." Und erst dann lässt der Autor den Schluss von Lev 26,1 folgen: „Denn ich bin der Herr, euer Gott."[28]

Bei Pseudo-Philo stößt Paganes in erster Linie auf Ablehnung und Kritik. Aber auch ein gegenüber Nichtjüdischem sehr kritisch eingestellter Autor wie Pseudo-Philo ist, über die Bilderproblematik hinaus, mit der paganen Kultur vertraut und lässt sie mitunter auch in die jüdische Lebenswelt einfließen. Ein paar Beispiele mögen dies erläutern. Zu Beginn des Werks, kurz vor der Schilderung der Sintflut und in Zusammenhang mit den ersten Sünden der Menschen, berichtet Pseudo-Philo auch von den Anfängen der Musik:

Et cepit percutere cyneram [hebr. כנור] et cytharam et omne organum dulcis psalterii et corrumpere terram.

Und er (der Mensch) begann, die Leier, Zither und jede süße Harfe zu zupfen und so die Erde zu verderben.[29]

Die Aussage, Musik würde die Welt verderben (*corrumpere terram*), passt weit besser in die pagane als in die jüdische Welt.[30] Im griechischen Mythos konnte die Musik – da allerdings insbesondere die Flötenmusik – als Symbol für das die Zivilisation bedrohende Draußen verstanden werden.

---

[28] Targum Ps.-Jonathan Lev 26,1. Cf. Stemberger (2009) 225–226.243.

[29] LAB 2,8

[30] Cf. Jacobson (1996) 301.

Der Mythos vom Mischwesen Pan und jener vom Satyrn Marsyas, der sich fatalerweise in einen Musikwettbewerb mit Apollo einlässt, spiegeln die griechischen Vorbehalte gegenüber irritierender Musik wider. Dass die „falsche" Musik die Moral des Menschen korrumpieren kann, ist ein Gedanke, der sich prominent bei Platon findet.[31] Pseudo-Philo verwendet für seine Musik-Kritik, die Teil seiner Ablehnung von allem Paganen ist, im Grunde ein paganes Motiv.

Eine weitere pagane Spur in Pseudo-Philo findet sich in seiner Neufassung der biblischen Geschichte von Jephtas Kampf gegen die Ammoniter (*Richter* 11). Der biblischen Vorlage entsprechend spitzt er die Geschichte auf die tragische Szene zu, in der Jephta seine eigene Tochter opfern muss. Jephta hatte versprochen, Gott zu opfern, wer ihm nach einem erfolgreichen Kampf gegen die Ammoniter bei der Rückkehr zuerst begegnen würde: Es sollte seine Tochter sein, die bei Pseudo-Philo einen Namen, Seila, trägt und von deren dramatischem Schicksal wir hier mehr erfahren. In einem langen Trauermonolog nimmt Seila Abschied von der Welt. Sie tut dies in einer Sprache, die an pagan-griechische Vorbilder gemahnt:

> Ego autem non sum saturata thalamo meo, nec repleta sum coronis nuptiarum mearum. (…) factus est infernus thalamus meus.

> „Ich aber bin nicht mit meinem Brautbett gesättigt worden, noch wurde ich erfüllt mit der Krone meiner Hochzeit. (…) In der Unterwelt ist mein Brautbett bereitet worden."[32]

Diese Formulierungen haben, wie Margaret Alexiou und Peter Dronke herausgearbeitet haben, Parallelen in der griechischen Grabpoesie und erinnern nicht zuletzt an das

---

[31] Plat. Rep. 397a–400e; cf. Graf (2009) 31–32.51.

[32] LAB 40,6

Schicksal literarischer Figuren wie Persephone und vor allem Antigone.[33] Diese beweint in ähnlicher Sprache wie Seila ihren anstehenden Tod noch vor der Hochzeit und in dunkler Tiefe: „Oh Grab, oh Brautgemach, oh unterirdische Wohnstätte, immer bewachend.“[34] So sehr sich Pseudo-Philo von der nichtjüdischen Umgebung distanzieren will, präsentiert sich dieser Autor demnach doch auch als Teil einer mediterranen Welt mit ihren Interdependenzen. Wenn gegen Ende des Werks David aus Saul den bösen Geist auszutreiben versucht, tut er dies, indem er diesen an die Unterwelt, den Tartaros, erinnert. Dort sei er doch zuhause:

Et nunc molesta esse noli tamquam secunda creatura. Si quominus, memorare tartari in quo ambulas.

Und nun sei nicht lästig, Geschöpf zweiter Ordnung. Sonst denke an den Tartaros, in dem du wandelst.[35]

Weil der Text nur in einer zweiten Übersetzung vorliegt, muss manches im Dunkeln bleiben. Aber das lateinische *tartarus* macht es wahrscheinlich, dass in der griechischen Fassung des *Liber Antiquitatum Biblicarum* das griechische Pendant *tartaros* (τάρταρος) stand.[36] Das im hebräischen Urtext Pseudo-Philos zu erwartende Wort wäre am ehesten *sche᾽ol* (שאול), die gängige hebräische Bezeichnung für die Unterwelt. Allerdings deutet die Wendung „Unterwelt/Tartaros, in dem du wandelst“ erneut auf einen paganen

---

[33] Alexiou/Dronke (1971); cf. auch Philonenko (1973), der Seila mit Iphigenie vergleicht, sowie Jacobson (1996) 968–974.

[34] Soph. Antig. 891–892.

[35] LAB 60,3

[36] Vom Tartaros als Ort der Unterwelt hören wir in der jüdisch-hellenistischen Literatur gelegentlich: Jos. c.Ap. 2,240; Or. Sib. 1,9–10.119; 2,291.302; 4,186; 5,178. LXX Hiob 40,20.41,24; LXX Prov 30,16; cf. auch 2 Petr 2,4. LAB 3,10 hat *infernus*.

Hintergrund.[37] Es handelt sich bei solchen Parallelen um leise Spuren einer paganen Beeinflussung, wohl weniger um bewusste Übernahmen aus der paganen Kultur.[38] Pseudo-Philos strikte Ablehnung von Paganem wird gleichsam von seiner eigenen Realität eingeholt: Eine vollständige Loslösung vom Hellenischen und Römischen war nicht möglich und auch nicht beabsichtigt.

Die Beratung am Schilfmeer: Strategien im Umgang mit der paganen Welt

Dass unser Autor im Umgang mit seiner nichtjüdischen Umwelt durchaus abwägend agiert, lässt sich an einer Textpassage im *Liber Antiquitatum Biblicarum* schön zeigen. Vor dem wunderbaren Durchgang durch das Schilfmeer, in der Peripetie der Exodus-Geschichte, ist sich das Volk in der Version Pseudo-Philos nicht sicher, wie es sich verhalten soll. Was sollte man nun tun angesichts der heranrückenden Ägypter und der bevorstehenden Wasserfluten? In den Stämmen Israels wurden drei unterschiedliche Meinungen vertreten:

Tunc considerantes metum temporis, filii Israel in tres divisiones consiliorum diviserunt sententias suas. Nam tribus Ruben et tribus Isachar et tribus Zabulon et tribus Simeon dixerunt: Venite mittamus

---

[37] Cf. Aischyl. Eum. 72: „im Tartaros hausen" (νέμονται Τάρταρον).

[38] Weiter geht Jacobson (1983) 455–459: Er vermutet, dass hinter Pseudo-Philos Mirjam die griechische Figur der Kassandra steht (p. 456: „I suspect our author has shaped his version with Greek mythology in mind. His Miriam is a reflection of Cassandra."), hinter seiner Fassung der Pharaonentochter die homerische Nausikaa und hinter seinem Korach Prometheus.

nos in mare. Melius est enim nos in aqua mori, quam ab inimicis occidi. Tribus autem Gad et tribus Aser et tribus Dan et Neptalim dixerunt: Non, sed revertamur cum eis, et si voluerint nobis donare vitam, serviemus eis. Nam tribus Levi et tribus Iuda et Ioseph et tribus Beniamin dixerunt: Non sic, sed accipientes arma nostra pugnemus cum eis, et erit Deus nobiscum.

Da bedachten die Söhne Israels ihre gegenwärtige gefährliche Lage, wobei ihre Ansichten sich in drei Gruppen von Ratschlägen aufteilten. Denn der Stamm Ruben und der Stamm Issachar und der Stamm Sebulun und der Stamm Simeon sagten: „Kommt, wir wollen uns ins Meer werfen. Denn es ist besser im Wasser zu sterben als von Feinden niedergemacht zu werden." Der Stamm Gad und der Stamm Ascher und der Stamm Dan und Naphtali sagten: „Nein, sondern lasst uns zurückkehren mit ihnen; und wenn sie uns das Leben schenken wollen, werden wir ihnen dienen." Der Stamm Levi und der Stamm Juda und Joseph und der Stamm Benjamin wiederum sagen: „Nicht so, sondern lasst uns unsere Waffen ergreifen und mit ihnen kämpfen. Und Gott wird mit uns sein."[39]

Drei Optionen werden demnach erwogen: Selbstaufgabe/Märtyrertum (*in aqua mori*), Rückkehr nach Ägypten (*revertamur cum eis*) und bewaffneter Widerstand (*pugnemus*). Damit werden drei Möglichkeiten des Umgangs in Konfliktsituationen vorgetragen, von denen wir in den Quellen zum antiken Judentum öfter hören. Steven Weitzman ist in seinem anregenden Buch *Surviving Sacrilege: Cultural Persistence in Jewish Antiquity* den Strategien nachgegangen, mit denen Juden in der Antike „kulturelle Persistenz" anstrebten.[40] Weitzman geht wiederkehrenden Taktiken nach, mithilfe derer Juden unter Fremdherrschaft (babylonischer, persischer, hellenistischer, römischer) ihr Erbe aufrecht zu erhalten versuchten. Besänftigung (z. B. bei der Einhaltung

[39] LAB 10,3
[40] Weitzman (2005).

des Bilderverbots unter Caligula), Doppelspiel (z. B. Judith und Holofernes), Revolte und Widerstand (z. B. im jüdisch-römischen Krieg), sich tot stellen (z. B. Jochanan ben Sakkai), Märtyrertum (z. B. zur Zeit der Makkabäer) und Flucht sind Beispiele von – im Einzelnen natürlich nicht ausschließlich jüdischen – Taktiken, die das Judentum unter widrigen Umständen am Leben erhalten hätten.[41]

Pseudo-Philos Episode vom kleinen Kriegsrat am Schilfmeer bringt drei Möglichkeiten, wie man sich in einer solchen Gefahrensituation verhalten könnte, auf den Punkt. Von einer ganz ähnlichen Besprechung am Schilfmeer ist auch in der rabbinischen Literatur die Rede. Auch dort deliberieren drei (in einer Variante vier) Meinungsgruppen und kommen zu denselben unterschiedlichen Schlüssen: „wir wollen uns selbst ins Wasser senken“ (נטבע עצמנו בים, entspricht *in aqua mori* bei Pseudo-Philo), „lasst uns nach Ägypten zurückkehren“ (נשוב למצרים, entspricht *revertamur cum eis*), „lasst uns gegen sie in den Kampf treten“ (נערוך עמהם למלחמה, entspricht *pugnemus*).[42] Der Midrasch verwirft alle Optionen und mahnt, unter Aufnahme der biblischen Vorlage, zur Zurückhaltung: „Bleibt stehen und seht, welche Hilfe der Herr euch heute erweisen wird (…). Der Herr wird für Euch kämpfen, ihr aber sollt euch still verhalten“ (Ex 14,13–14). Auch bei Pseudo-Philo stößt keiner der Vorschläge auf Sympathie. Moses ignoriert sie vielmehr bzw. hört gleichsam nur die letzten Worte der

---

[41] Weitzman (2005) 4: „(…) Jews in the period covered by this book employed a variety of tactics – symbiosis, mimicry, playing dead – in their struggles to sustain their religious traditions.“

[42] Midrasch Wa-joscha, Jellinek (Bet ha-Midrasch) I, p. 51–52; ganz ähnlich Mekhilta de Rabbi Jischmael, Beschallach 3, p. 142 (Lauterbach), wobei dort noch eine zusätzliche vierte Gruppe rät: „lasst uns aufschreien gegen sie (נצווח כנגדן)“. Cf. Jacobson (1996) 436–438.

dritten Partei: „Gott wird mit uns sein" (*erit Deus nobiscum*). Daraufhin bittet Moses Gott um Hilfe.[43]

Die Schilfmeerszene ist ein besonders dramatischer Zusammenprall der jüdischen und paganen Welt, der nach einer Reflexion über den richtigen Weg im Umgang mit der paganen Mehrheitsgesellschaft verlangt. Sowohl Pseudo-Philo als auch der Midrasch verwerfen die von den einzelnen Gruppen propagierten Optionen. Die zur Auswahl stehenden Meinungen schließen sich gegenseitig aus, und die Entscheidung ist schwierig. Zum Schluss obsiegt die Botschaft, dass Gottvertrauen der beste Weg ist. Wir haben eingangs festgehalten, dass Pseudo-Philo seine Figuren innerbiblische Bezüge herstellen lässt und dass er auch für sich selbst den Bogen zwischen dem biblischen Text und seiner Zeit schlägt: Für letzteres ist seine Schilfmeerszene ein besonders bemerkenswertes Beispiel. Nicht erst in römischer Zeit, so lautet die implizite Botschaft Pseudo-Philos, hatten Juden verschiedene Möglichkeiten des Austauschs mit der nichtjüdischen Bevölkerung abzuwägen. Vielmehr rangen schon die Israeliten in biblischen Zeiten mit dieser Problematik. Pseudo-Philo macht aus der mythischen Schilfmeergeschichte eine Geschichtslektion.

Weder Selbstaufgabe noch Kampf, sondern Gottvertrauen. Solche Aufrufe zur Zurückhaltung finden sich häufiger im *Liber Antiquitatum Biblicarum*. Gleich schon im Kontext des ersten Patriarchen, bei Abraham, scheint es Pseudo-Philo ein Anliegen zu sein, Gottvertrauen statt Angriff oder auch nur Verteidigung anzumahnen. Breit berichtet Pseudo-Philo vom Turmbau zu Babel und jener Gruppe von 12 Männern, die sich weigerte, an diesem

---

[43] LAB 10,4.

sündvollen Unternehmen teilzunehmen[44]. Die Turmbauer drohen den 12 Gottestreuen, sie zu verbrennen, falls sie nicht mitmachen. Da ergibt sich diesen die Möglichkeit, bei Nacht in die Berge zu fliehen. Alle außer Abraham ergreifen die Gelegenheit. Abraham verzichtet im Vertrauen auf Gott auf die Flucht. Er wird ergriffen und in einen Feuerofen geworfen, wird aber von Gott gerettet und überlebt.[45]

Die Legende von Abraham im Feuerofen, die sich zum ersten Mal bei Pseudo-Philo findet, führt das ähnlich dargestellte Motiv aus dem Daniel-Buch (Dan 3: Daniels Gefährten im Feuerofen) weiter. Bei Pseudo-Philo scheint es nicht nur für Gottesvertrauen, sondern expliziter auch für politische Passivität zu stehen. Ähnlich weigern sich, wie wir schon gesehen haben, in Pseudo-Philos Neufassung der Geschichte von Korach dessen Söhne, an der Rebellion teilzunehmen.[46] Bei Pseudo-Philo ist zwar nicht durchweg, aber insgesamt deutlich die Tendenz spürbar, Gott die Geschichte lenken zu lassen. Der Mensch soll nicht eingreifen, zumindest nicht alleine. So kämpft David zwar gegen Goliath, aber nicht alleine: Pseudo-Philo ersinnt, kurz vor dem für Goliath tödlichen Ende, einen Dialog zwischen den Kämpfenden. David weiß, dass sein Handeln von Gott bzw. einem Engel gelenkt wird, und er lässt Goliath an seinem Wissen teilhaben:

Et dixit ei Golia dum adhuc esset in eo anima eius: Festina et interfice me, et exulta. Et dixit ei David: Antequam moriaris aperi oculos tuos, et vide interfectorem tuum qui te interfecit. Et respiciens Allophilus vidit angelum et dixit: Non solus occidisti me, sed qui te cum aderat, cuius species non est sicut species hominis. Et tunc David abstulit

[44] LAB 6,4: *non consentiemus vobis*! („Wir werden uns euch nicht anschliessen").

[45] LAB 6,1–18.

[46] LAB 16,4–5 (über die biblische Vorlage in Num 15 hinaus).

caput eius ab eo. Angelus autem Domini erexit faciem David, et nemo agnoscebat eum. Et videns Saul David, interrogavit eum, quis esset, et non erat qui cognosceret eum.

Und Goliath redete zu ihm, solange noch eine Seele in ihm war: „Eile und töte mich und frohlocke!" Da sprach David zu ihm: „Bevor du stirbst, öffne deine Augen und sieh deinen Vernichter, der dich niedergemacht hat." Und der Philister schaute und sah den Engel und sprach: „Nicht du allein hast mich getötet, sondern der, der mit dir war, dessen Erscheinung nicht ist wie diejenige eines Menschen". Und dann schlug David seinen Kopf ab. Der Engel aber erhob das Angesicht Davids, und niemand erkannte ihn. Und als Saul David sah, fragte er ihn, wer er sei, und da war niemand, der ihn erkannte.[47]

Davids Heldentat von 1 Sam 17 wird bei Pseudo-Philo heruntergespielt: Es war nicht wirklich die Tat Davids, und niemand erkennt ihn nach der Tat. Ganz ähnlich bewertet Pseudo-Philo zuvor schon die Taten von Josuas Nachfolger Kenas.[48] Dieser kämpft höchst erfolgreich gegen die Ammoniter, die zum Schluss 90'000 Tote zu beklagen haben. Wie aber kam es zu diesem Sieg? 45'000 Amoniter hatten sich selbst umgebracht.[49] Die andere Hälfte wurde von Kenas ermordet[50], aber ohne dass das israelitische Volk etwas davon bemerkt hätte. Es schlief. Als die Israeliten Kenas für seine Taten preisen möchten, winkt dieser ab und verweist auf Gott. Und die Männer, die Kenas begleitet hatten, halten ihrerseits fest: „wir haben nicht gekämpft (*nos non pugnavimus*)!" Daraufhin erkennt das Volk, dass „Gott

[47] LAB 61,7–9.

[48] Kenas, im Buch der Richter nur als Vater von Otniel genannt (Ri 3,9), wird von Pseudo-Philo zu einer zentralen Figur stilisiert: LAB 25–28.

[49] LAB 27,10.

[50] Ibid.

nicht der Menge bedarf, sondern der Heiligung".[51] Gott will keine Kämpfer, sondern Frömmigkeit.

Pseudo-Philo plädiert in Konfliktsituationen für Zurückhaltung. Man kennt eine solche, häufig subtil zum Ausdruck gebrachte Vermeidungstaktik nicht zuletzt aus der rabbinischen Literatur. Auf die Parallelen zu Pseudo-Philos Beratungsszene beim Schilfmeer haben wir eben verwiesen. Das vielleicht deutlichste Beispiel rabbinischer Zurückhaltung ist die Marginalisierung des Makkabäer-Aufstandes bzw. dessen Ersatz durch die harmlose Legende eines Lichtwunders.[52] Daniel Boyarin hat in Bezug auf die Tendenz des Talmuds, sich zurückzuziehen, gar von einer Selbstfemininisierung des rabbinischen Judentums gesprochen.[53] Anstelle kämpferischen Widerstands und politischen Engagements steht der Rückzug. Nicht mehr die hohe Zeloten-Burg Massada, sondern der Küstenort Jawne ist jetzt der neue, marginale Orientierungspunkt. Nicht mehr die mit Dolchen ausgerüsteten Sicarii sind das Ideal, sondern der sich tot stellende, in einem Sarg liegend sich aus dem Kampf zurückziehende Jochanan ben Zakkai. Boyarin schreibt: „The appropriate form of resistance that the Talmud recommends for Jews (…) is evasion."[54] Dies lässt sich, so scheint mir, zu großen Teilen auch über Pseudo-Philos *Biblische Altertümer* sagen: gleichsam von Abraham bis David.

In der rabbinischen Literatur wie auch bei Pseudo-Philo geht mit diesem politischen Rückzug zumindest *idealiter* die schon diskutierte religiöse Vermeidung der paganen Welt einher. Es ist dies eine Abkehr, die, wie wir gesehen haben, eine gewisse Flexibilität zeigt und regelmäßig an Grenzen

---

51 LAB 27,14 (*non indiget multitudine sed sanctificatione*).

52 bSchabbat 21b.

53 Boyarin (1997) 316.

54 Boyarin (1997) 315.

stößt. Eine wesentliche Intention von Pseudo-Philos Werk liegt in der Reflexion solcher Fragen. Pseudo-Philo steht selbst am Schilfmeer und wägt ab.

Christian Dietzfelbinger, der Pseudo-Philo 1975 mit einer guten Übersetzung in der Reihe *Jüdische Schriften aus hellenistisch-römischer Zeit* für den deutschen Sprachraum zugänglich gemacht hat, verstand den Text in erster Linie als Aufruf zur Einhaltung des Gesetzes. Gleich sechsmal fällt das Stichwort „Gesetz" auf der ersten Seite von Dietzfelbingers Einleitung, die mit dem Satz schließt: „Es ist ausschließlich das Gesetz in seiner strafenden und verheißenden Funktion, auf das sich das Interesse richtet."[55] Dies ist zweifelsohne eine vereinfachende Lesung Pseudo-Philos. Nur schon der Umstand, dass der Dekalog der einzige Gesetzestext aus der Tora ist, den Pseudo-Philo aufnimmt, und dass das Buch Levitikus bei ihm ganz fehlt, deutet darauf hin, dass es hier nicht in erster Linie um das jüdische Gesetz geht. Wichtiger scheinen mir – neben rein erzählerischen Intentionen, die es auch hier nicht zu übersehen gilt – die genannten Aspekte zu sein: der Rückzug aus der Politik und die Betonung der göttlichen Lenkung der Geschichte.

Aus dem Gesagten hat sich nun ergeben, in welchem zeitlichen Horizont Pseudo-Philo am ehesten zu verorten ist. Dass Pseudo-Philo jedenfalls nach dem Fall des Jerusalemer Tempels im Jahre 70 schrieb, kann nicht wirklich bestritten werden. In seiner Paraphrase der Geschichte vom Goldenen Kalb verweist der pseudo-philonische Gott der Juden prophetisch auf den dereinstigen Tempelverlust:

> Et nunc quoque relinquam eos, et conversus iterum concordabor eis ut edificetur mihi domus in eis, que et ipsa iterum deponetur propter quod peccaturi sunt in me.

---

[55] Dietzfelbinger (1979) 91.99.

Und auch jetzt will ich sie verlassen, werde aber umkehren und mich erneut mit ihnen versöhnen, damit mir ein Haus bei ihnen erbaut werde, das selbst wieder zerstört werden wird, weil sie gegen mich sündigen werden.[56]

Hier und an anderen Stellen schimmert Pseudo-Philos *post templum*-Situation recht deutlich durch. Die in der neu inszenierten Micha-Szene thematisierte Bilderflut passt eher in das Palästina nach der Tempelzerstörung, einer Zeit als der Kontakt mit der nichtjüdischen Umwelt zunahm.[57] Dieser Kontakt, der nicht a priori und durchweg verurteilt wurde, erforderte Regulierungen, wie sie von Texten wie dem *Liber Antiquitatum Biblicarum* oder, weit expliziter, dem rabbinischen Traktat *Avoda Zara* geleistet werden. Das Rückzugsdenken bzw. der Aufruf zu absolutem Gottesvertrauen kann als eine Reaktion auf in früherer Zeit erlebte Niederlagen gelesen werden. Nach den verlorenen Aufständen im ersten und zweiten Jh. n. Chr. (jüdisch-römischer Krieg 66–74 n. Chr., Diaspora-Aufstand unter Kaiser Trajan 112–115 n. Chr., Bar-Kochba-Aufstand unter Kaiser Hadrian 132–135 n. Chr.) konnte Rückzug und Gottvertrauen als die vernünftigste Überlebensstrategie verstanden werden. In all diesen Punkten steht Pseudo-Philos Neufassung von Teilen des Tanachs geistesgeschichtlich sehr nahe bei der rabbinischen Literatur. Pseudo-Philo könnte sehr wohl ein Autor des zweiten Jh. n. Chr. gewesen sein, aus der Zeit nach dem Bar Kochba-Krieg und der Zeit der Mischna-Redaktion.

Man hat eingeworfen, dass das Werk unvollendet sei.[58] Dieser Verdacht scheint mir keineswegs zwingend zu sein.

[56] LAB 12,4.

[57] Jacobson (1996) 208.

[58] Dietzfelbinger (1979) 96–97; cf. Jacobson (1996) 253–354.

Das Werk endet mit dem Tod Sauls. Dass von den Königtümern Salomos und, vor allem, Davids nichts mehr erzählt wird, mag die fehlende politische Souveränität von Pseudo-Philos eigener Zeit widerspiegeln. Zudem hat das Werk einen durchaus plausiblen und überzeugenden Schluss: Wie in der biblischen Vorlage (1 Sam 31) begeht Saul nicht eigentlich Selbstmord, sondern lässt sich töten. Bei Pseudo-Philo heißt dieser Mann, der Sterbehilfe betreibt, Edabus. Und an ihn sind die letzten (einmal mehr außerbiblischen) Worte Sauls – und damit auch des Werks an den Leser – gerichtet:

Vade autem et dic David: Ego occidi inimicum tuum. Et dices ei: Hec dicit Saul: Non memor sis odii mei, neque iniusticie mee.

Geh aber und sage zu David: „Ich habe deinen Feind niedergemacht." Und du sollst ihm sagen: „Dies spricht Saul: Sei nicht meines Hasses eingedenk, und auch nicht meiner Ungerechtigkeit."[59]

Das Buch endet mit dem dramatischen Selbstmord Sauls, darüber hinaus aber auch mit einem Bild innerjüdischer Harmonie. Der Zusammenhalt Israels ist Pseudo-Philo wichtig. Als Kenas unter Anleitung Gottes eine große Menge Ammoniter getötet hatte, versuchte er sich vom Schwert zu lösen. Doch seine rechte Hand ließ sich nicht von der Waffe trennen. Auf den gleichsam magischen Rat eines Amoniters, sich mit dem noch warmen Blut eines zu tötenden Hebräers von der misslichen Lage zu befreien, reagiert Kenas entrüstet. Er tötet den amonitischen Ratgeber, worauf sich das Schwert von seiner Hand löst. Pseudo-Philo ersinnt ein Judentum, das nach innerer Einheit und Stärke sucht: mit Frömmigkeit, ohne Schwert, und im distanzierten Austausch mit seiner Umwelt.

---

[59] LAB 65,5.

4. Inszenierungen jüdischer und römischer Mythologie im *Josippon*

In der letzten Vorlesung möchte ich ein Werk in den Blick nehmen, das uns ins Mittelalter, genauer in das Italien des 10. Jahrhunderts, führt: den *Josippon*. Dieses historiographische Werk war für die Juden im Mittelalter von größter Bedeutung, ist heute aber wenig bekannt und spielt auch in der Forschung nur eine marginale Rolle. Der *Josippon* ist indes das bedeutendste jüdische Rezeptionswerk zum jüdisch-römischen Historiker Flavius Josephus und das wichtigste jüdisch-historiographische Werk des Mittelalters.[1] Mit diesem Werk lag erstmals eine ausführliche hebräische Darstellung

---

[1] Ich zitiere nach der reich kommentierten hebräischen Standardausgabe von Flusser (1981/82). Seit kurzem liegt eine erstmalige vollständige deutsche Übersetzung (mit einer hilfreichen Einführung und einigen Anmerkungen) vor: Börner-Klein/Zuber (2010). Im Folgenden werden Gedanken weitergesponnen, die ich in der Rubrik „Aus jüdischen Quellen" der Zeitschrift *Judaica* angedacht habe: Bloch (2009b), mit deutscher Übersetzung von Josippon 1,2–52. Die Datierung des *Josippon* ins 10. Jh. ist heute praktisch unbestritten (Zeitlin (1963) hatte aufgrund der regen Nutzung spätantiker Quellen im *Josippon* für eine Entstehung im 3.–4. Jh. n. Chr. plädiert). Historische „Aktualisierungen" im Text verraten, dass das Werk im 10. Jh., höchstwahrscheinlich in Süditalien (für das unser Autor eine Vorliebe zeigt) entstanden ist. Dass er jedenfalls in Italien zu Hause war, darf schon aufgrund der gelegentlichen sprachlichen Anlehnungen an das Italienische und der unverblümten Nähe des Autors zu Italien angenommen werden.

über die Zeit des Zweiten Tempels und damit jene Epoche vor, die für die spätere Zeit so bedeutsam wurde.

Ca. 850 Jahre liegen zwischen den beiden Historikern, von denen uns der Autor des *Josippon* namentlich nicht bekannt ist. Ob Yosef H. Yerushalmis These vom konsequenten Desinteresse der Juden in Antike und Mittelalter an der Historiographie richtig sei oder nicht[2] (manches mag auch nicht überliefert sein), Tatsache ist: Josephus und *Josippon* sind seltene Belege jüdischer Geschichtsschreibung in Antike und Mittelalter. Sie stehen für zwei äußerst bedeutsame Werke, von denen das eine, jenes des Josephus, in der Antike von Juden kaum rezipiert wurde, das andere, der *Josippon*, im Mittelalter von Juden geradezu enthusiastisch aufgenommen wurde, bis es in späterer Zeit wieder von der Bildfläche verschwand.[3] Im Mittelalter stürzten sich Juden via den *Josippon* ebenso begeistert auf Josephus wie dies einst die Kirchenväter getan hatten. Man ging dabei zumeist fälschlicherweise davon aus, der hebräische *Josippon* stamme von Josephus selbst.

Der *Josippon* stützt sich für seine geschichtliche Darstellung der Zeit des Zweiten Tempels vor allem auf Flavius Josephus – allerdings wohl nicht direkt. Denn unser Autor konnte wahrscheinlich kein Griechisch, sehr wohl aber Latein.[4] Die Hauptquelle des *Josippon* war der lateinische Josephus, insbesondere die *Jüdischen Altertümer* und der *Jüdische Krieg* (*Bellum Iudaicum*). Die lateinische Überarbeitung des *Bellum* lag unserem Autor in der Fassung des Hegesipp

---

[2] Yerushalmi (1988); cf. Dönitz (2007).

[3] Zur Rezeption des Flavius Josephus cf. den Überblick bei Bloch (2010).

[4] Dass der Autor des *Josippon* des Griechischen nicht mächtig war, hat kürzlich Dönitz (2009) gegen Flusser (1980/81) 2,132–133 vorsichtig in Frage gestellt.

vor, der im 4. Jh. Josephus' Erstwerk überarbeitete.[5] Der Autor des *Josippon* hielt Hegesipp offenbar seinerseits für Josephus. Neben dem Hegesipp lagen unserem Autor die Vulgata mitsamt den Apokryphen, eine erneut lateinische Fassung der *Jüdischen Altertümer* des Josephus, verschiedene Chroniken, Vergils *Aeneis* sowie zumindest Teile des Livius vor.[6] Der *Josippon* ist in schönem, mehrheitlich „biblischem" Hebräisch verfasst. Sprachlich, aber auch inhaltlich scheint er, wie wir noch sehen werden, von der rabbinischen Kultur eher entfernt.[7]

Im Gegensatz zu den in den bisherigen Vorlesungen diskutierten Texten orientiert sich der *Josippon* in seinen Hauptteilen nicht am Tanach, sondern vor allem an Flavius Josephus' *Jüdischem Krieg*. Aber auch der Autor des *Josippon* macht biblische Motive für seine Werkintentionen fruchtbar. Wie zu zeigen sein wird, ging es ihm dabei nicht zuletzt um eine Klärung der Beziehung zwischen Israel und Italien. Der *Josippon* bewegt sich diesbezüglich in den Fußstapfen des Josephus – ersinnt freilich in den hier zu besprechenden Textpassagen weit mutigere Beziehungskonstrukte als jener.

Auch der *Josippon* schildert ausführlich die Vorgeschichte des jüdisch-römischen Krieges. Doch während Josephus' Bericht im *Bellum* mit der Zeit der Seleukiden (Antiochus IV.) einsetzt, beginnt der *Josippon* mit der biblischen und rö-

---

[5] *Hegesippi qui dicitur historiae libri V* (V. Ussanus, Wien 1932 = CSEL 66). Im Vorwort motiviert der christliche Hegesipp seine Neufassung mit dem Umstand, dass Josephus als „Verbündeter jüdischer Treulosigkeit" (*consortem perfidiae Iudaeorum*) den wahren Grund für die Niederlage (*causam aerumnae*), gemeint ist die ausgebliebene Anerkennung von Jesus Christus, nicht erkannt habe. Der *Josippon* ignoriert diese Polemik Hegesipps.

[6] Flusser (1974); id. (1987).

[7] Vereinzelt findet sich aber auch rabbinische Sprache: Fränkel (1896).

mischen Urzeit.[8] Am Anfang steht eine der Zeit angepasste Version der biblischen Völkertafel und Genealogien von Genesis 10 und 11: Der Autor geht von den biblischen Namen des *Genesis*-Textes aus, deutet sie dann aber derart, dass sie für den Leser des 10. Jahrhunderts fassbarer werden. Das Kapitel ist nicht nur eine „Völkertafel", sondern gleichsam eine Landkarte, nicht zuletzt der Oikumene der Zeit: Da ist von den Alemannen, Franken, Burgundern, Sachsen und Angeln die Rede.[9] Mehr noch als der biblische Text ersinnt der Autor für seine Zeit eine Geographie, die möglichst umfassend von Noah bzw. dessen Sohn Japhet abstammt. Mit seinen offenkundigen Aktualisierungen steht der Autor des *Josippon* keineswegs alleine in der Zeit, und manches hat er gewiss von zeitgenössischen mittelalterlichen Quellen übernommen.[10] Aber hier wie dann noch mehr im folgenden zweiten Kapitel zur römischen Urgeschichte hat unser Autor, wie zu zeigen sein wird, diesen Quellen durchaus sein eigenes Kolorit verliehen.

Die Urgeschichte Italiens endet mit Kriegen zwischen Babylon und Rom. Anschließend (Kap. 3) ist von der Eroberung Babylons durch die Perser die Rede, von einer Reihe biblischer Episoden (Kap. 4: Daniel in der Löwengrube, Kap. 9: Esther und Mordechai), von Alexanders Besuch in Jerusalem (Kap. 10)[11], bis das Werk schließlich, ganz wie Josephus' *Jüdischer Krieg*, über die Makkabäer und Herodes ausführlich den Krieg zwischen Juden und Römern im 1. Jh. n. Chr. in den Blick nimmt: Der *Josippon*

---

[8] Josephus behandelt die biblische Urzeit in den *Jüdischen Altertümern*. Im *Josippon* werden beide Großwerke des Josephus verwendet.

[9] Josippon 1.

[10] Flusser II, 133–136. Zur Rezeption des Rombildes im Mittelalter cf. Graf (1915), v. a. Kap. 3: „La fondazione di Roma".

[11] Zu Alexander im *Josippon* cf. Bloch (2013).

endet mit der Zerstörung des Jerusalemer Tempels und dem Fall von Massada. Im Folgenden möchte ich mich vor allem auf das zweite Kapitel des *Josippon*, jenes über die Urgeschichte Italiens, konzentrieren und die Neudeutungen biblischer Figuren, die in jenes Kapitel eingewoben werden, thematisieren. Im *Josippon* stoßen wir auf die bislang kühnsten Neuschreibungen biblischer Geschichten. Es ist zu fragen, was der *Josippon* damit beabsichtigt und wie er dabei vorgeht.

Die Römer heißen im *Josippon* „Kittim“ (**כתים**): „Die Kittim sind die Römer, die in der Ebene Kampaniens, am Fluss Tiber lagern.“[12] Diese Fremdvolksbezeichnung kommt schon in der biblischen Völkertafel zur Anwendung (Gen 10,4). Dort sind die Kittim Nachfahren Jawans, benannt wohl nach der zypriotischen Stadt Kition (wie schon Josephus wusste[13]). Für die Römer steht diese Chiffre schon im Daniel-Buch (Dan 11,30) sowie wiederholt in den Qumrantexten.[14] Unser Autor fühlt sich dennoch verpflichtet, die Bezeichnung „Kittim“ zu erläutern, wobei seine Darstellung hier und auch im Folgenden keineswegs *a priori* negativ ist. Die Römer werden im *Josippon* auf höchst bemerkenswerte Art und Weise in die mythische Urgeschichte Israels eingewoben – und umgekehrt die Anfänge Israels in jene Roms. Es lohnt sich, einen längeren Textabschnitt in den Blick zu nehmen:

ויהי בהפיץ יי את בני האדם על פני האדמה ויתחלקו למחלקות, ויהיו בני כתים לאגודה אחת ויחנו בבקעת כנפנייא וישבו שם על נהר תיביריאו. ובני תובל חנו בתושכנא ויהי גבולם על נהר תיביריאו. ויבנו להם עיר ויקראו שמה סביני על שם בוניה אשר בנו אותה. ובני כתים בנו להם עיר ויקראו שמה פוצימגנא.

[12] Josippon 1,25–26.
[13] Jos. Ant. Iud. 1,128.
[14] Stemberger (1983) 16–25.

ויהיו בני תובל מתגאים על בני כתים לאמר: לא יתחתנו בנו. ויהי בימי הקציר וילכו בני תובל אל שדותיהם ובחורי בני כתים נאספו וילכו אל סביני ויגלו את בנותיהם ויעלו על הר כפודוליאו. וישמעו בני תובל ויבאו עליהם למלחמה ולא יכלו כי שגב ההר מהם ויאספו אל ההר כל בחור. | ויהי לתקופת השנה ויבאו עוד בני תובל עליהם למלחמה, ובני כתים העלו את הילדים הילודים מבנותיהם על החומה אשר בנו ויאמרו: הבאתם להלחם עם בניכם ובנותיכם, הלא עצמכם ובשרכם אנחנו מעתה, ויחדלו ממלחמה.

Und als Gott die Menschen über die Erde verstreut hatte und diese sich zu Gruppen formiert hatten, bildeten die Nachkommen der Kittim eine Gemeinschaft, die in der Ebene von Kampanien ihr Lager aufschlug und dort beim Fluss Tiber wohnte. Die Nachkommen Tubals[15] aber lagerten in der Toskana, und ihr Gebiet reichte bis zum Fluss Tiber. Sie bauten sich eine Stadt, die sie nach dem Namen ihrer Erbauer Sabini, die sie erbaut hatten, nannten. Die Kittim bauten sich (auch) eine Stadt und nannten ihren Namen Pozimagna[16].

Die Nachkommen Tubals aber erhoben sich folgendermaßen über die Kittim: „Sie sollen sich nicht mit uns verschwägern." Da gingen zur Zeit der Ernte die Nachkommen Tubals zu ihren Feldern; die jungen Männer der Kittim aber hatten sich gerüstet und zogen gegen Sabini. Sie (die Kittim) entführten deren Töchter und stiegen auf den Berg Kapodolio (Kapitol). Als die Nachkommen des Tubal davon hörten, zogen sie gegen sie in den Krieg. Aber sie vermochten nichts, weil der Berg für sie zu hoch war. Und alle jungen Männer versammelten sich am Berg. Als nach dem Verlauf eines Jahres die Abkömmlinge des Tubal erneut gegen sie in den Krieg zogen, hoben die Kittim die Kinder, die von deren Töchtern geboren worden waren, auf die Mauer, die sie gebaut hatten, und sprachen: „Seid ihr gekommen, um mit euren Söhnen und Töchtern zu kämpfen? Sind wir von jetzt an nicht eure Knochen und euer Fleisch?" Da ließen sie vom Krieg ab.[17]

---

[15] Tubal ist Gen 10,2 ein Sohn Japhets. Im *Josippon* wird Tubal schon 1,16–17 mit der Toskana (und Pisa) verbunden.

[16] Wohl aus italienisch „poggimagna", was „(die Stadt) reich an Hügeln" bedeuten und Rom bezeichnen dürfte. Ich danke meinem romanistischen Kollegen Bruno Moretti, Universität Bern, für diese Erklärungen.

[17] Josippon 2,1–13.

Hier wird ganz offensichtlich der römische Mythos vom Raub der Sabinerinnen[18] mit der biblischen Urgeschichte verflochten. Die Nachkommen des Tubal, Sohn des Japhet und Enkel des Noah, werden kurzerhand zu Sabinern mutiert. Die von Livius detailliert geschilderte Geschichte wird dabei verkürzt: Die Sabiner stehen hier exemplarisch für all jene, die nach der römischen Legende nur Spott übrig hatten[19] für die Heiratsavancen der Römer. Dass die Römer unter dem Vorwand einer Stadt- und Spielschau die Nachbarvölker nach Rom lockten[20], findet im *Josippon* keine Erwähnung. Die Römer rächen sich vielmehr sofort an den Sabinern für ihre Abweisung, indem sie sie auf offenem Feld angreifen und ihre Töchter rauben.[21] Wesentlich aber ist, dass sich ein Teil der biblischen Urgeschichte in Italien abspielte. Der Erzähler fährt wie folgt fort:

ויוסיפו עוד בני כתים ויבנו עיר על הים ויקראו שמה פורתו, ויבנו עיר אחרת ויקראו שמה אלבנו, ועוד אחרת ויקראו שמה אריצה. בימים ההם ברח צפו בן אליפז בן עשו ממצרים אשר לכדו יוסף בעלותו לקבור את ישראל אביו בחברון, ויצאו בני עשו לשטן לו, ותגבר יד יוסף עליהם וילכד את צפו עם מבחריהם ויביאם מצרימה. | ויהי אחרי מות יוסף ברח צפו ממצרים ויבא באפריקא אל אגניאס מלך קרתגיני ויקבלהו אגניאס בכבוד גדול וישימהו שר צבאו.

Und die Kittim bauten noch eine weitere Stadt, am Meer, und nannten sie Porto; und sie bauten noch eine Stadt, die sie Albano nannten, und noch eine weitere, die sie Ariza nannten. In jenen Tagen floh Zepho, der Sohn des Eliphas, Sohn des Esau, aus Ägypten. Ihn hatte Joseph gefangen genommen, als er nach Hebron gereist war, um seinen Vater Israel zu begraben. Da waren die Söhne Esaus

[18] Liv. 1,9–13.

[19] Liv. 1,9,5 (*spernebant*).

[20] Liv. 1,9,6–7.

[21] In beiden Versionen führt das Argument, dass man doch unterdessen verwandt sei, letztlich zum Ende des Krieges (Liv. 1,13,1–3).

ausgezogen, um ihn (Joseph) anzugreifen.[22] Aber Joseph war stärker und nahm Zepho mit seinen Verbündeten gefangen und brachte sie nach Ägypten. Nach dem Tod Josephs floh Zepho aus Ägypten und kam nach Afrika zu Agneas (Aeneas), dem König von Karthago. Und Agneas empfing ihn mit großer Ehre und machte ihn zum Befehlshaber seines Heeres.[23]

Zepho, Sohn des Eliphas, ein Enkel Esaus, ist in der Genesis nur eine Randfigur;[24] an ihr aber orientiert sich der Text im Folgenden, und ersinnt eine allmähliche genealogische Verbindung zwischen Israel und Rom. Zepho soll also via Ägypten nach Karthago zu Aeneas gelangt sein. Nachdem eine Verbindung zwischen Israel und Rom ein erstes Mal hergestellt ist, doppelt unser Autor gleich nach:

בימים ההם היה בארץ כתים בעיר פוצימגנא איש ושמו עוצי, ויהי לבני כתים לאלוה תעתועים. וימת האיש ההוא ובן אין לו כי אם בת אחת ושמה יניאה יפה וחכמה מאד, לא נראה כיופיה בכל הארץ. וישאליה אגניאס מלך אפריקא לקחתה לו לאשה, וגם תורנוס מלך ביניבינטו שאל אותה. | ויאמרו לו: לא נוכל לתתה לך כי אגניאס מלך אפריקא מבקש אותה, פן יבא עלינו למלחמה ואתה לא תוכל להצילינו מידו. | וישלחו יושבי פוצימגנא איגרת לאגניאס כדברים האלה, ויאסוף כל חילו ויבא באי סרדינייא כי שם לוכוס אחיו. ויצא פאלש בן אחיו לקראתו ויאמר לו: בשאלך חיל מעם אבי לעזרתך, שאל ממנו שיתנני בראש הצבא, ויעש אגניאס כן. ויבא בספינות ויבא במחוז אשטורא; ויצא תורנוס לקראתו. ותהי המלחמה עצומה מאד בבקעת כנפניא, ויפול במלחמה ההיא פאלש בן אחיו, ויחנטהו אגניאס דודו ויעש לו גולם זהב ויתנהו בתוכו. | ויערוך עוד מלחמה וילכד את תורנוס מלך ביניבינטו ויהרגהו, ויעש לו גולם נחשת וישימהו בתוכו, ויבן עליו מגדל על אם הדרך. וגם על פאלש בן אחיו בנה עליו מגדל גבוה על אם הדרך ויקרא שמה תור פאלש, הנם על אם הדרך והרצפה ביניהם, תור פאלש מזה ולוקו תורנוס מזה עד היום הזה, הנם בין אלבנו ובין רומה. ואגניאס לקח את יניאה לאשה וישב לו לארצו. ומהיום ההוא והלאה החלו גוונדלי, גדודי מלך אפריקא, לבא בארץ כתים לבוז

22 Zu dieser Auseinandersetzung zwischen Joseph und Esaus Nachkommen im Kontext von Jakobs Beisetzung cf. bSota 13a.

23 Josippon 2,14–20.

24 Gen 36,11.15

ולשלול ויבא תמיד צפו עמהם. | ויברח צפו בן אליפז מאפריקא ויבא בארץ כתים ויקבלוהו בני כת״ם בכבוד גדול ויתנו לו מתנות גדולות, ויתעשר האיש מאד. וגדודי אפריקא פ״שטים בארץ כתים, ויאספו בני כתים אל הר כפיטוליאו מפני גדודי גוונדלי.

In jenen Tagen gab es im Land der Kittim, in der Stadt Pozimagna, einen Mann namens Uzi[25], der von den Kittim göttlich verehrt wurde. Und jener Mann starb. Er hatte keinen Sohn, aber eine Tochter mit Namen Jania: sehr schön und weise war sie, im ganzen Land gab es keine so schön wie sie. Und Agneas (Aeneas), der König Afrikas, wollte sie zur Frau zu nehmen, und auch Turnus, der König von Benevento warb um sie. Man sagte ihm (Turnus) aber: „Wir können sie dir nicht geben, denn Agneas, der König Afrikas, begehrt sie, auf dass er nicht gegen uns in den Krieg ziehe, denn du wirst uns nicht aus seiner Hand erretten können." Und die Bewohner von Pozimagna schickten an Agneas einen Brief gemäß diesen Worten; und er (Agneas) versammelte seine gesamten Streitkräfte und kam zur Insel Sardinien, denn dort lebte Lucus[26], sein Bruder. Und Pallas, der Sohn seines Bruders, zog ihm entgegen und sprach zu ihm: „Wenn du meinen Vater um Soldaten zu deiner Unterstützung bittest, dann bitte ihn, dass er mich zum Anführer des Heeres bestimme."[27] Und Agneas tat so. Und er gelangte mit Schiffen in den Hafen von Astura. Da zog Turnus gegen ihn aus, und es kam zu einem sehr heftigen Kampf in der Ebene Kampaniens. In jenem Krieg fiel Pallas, der Sohn seines Bruders. Und sein Onkel Agneas balsamierte ihn ein, machte einen goldenen Sarg für ihn und legte ihn hinein. Und er (Agneas) rüstete sich nochmals zum Krieg, nahm Turnus, den König von Benevento gefangen, und tötete ihn. Er machte für ihn einen bronzenen Sarg, legte ihn hinein und baute darüber an der Wegkreuzung

---

25 Uzi steht hier für Latinus, den Vater von Aeneas' Gattin Lavinia (im Folgenden hier Jania genannt): cf. Flusser (1981/82) ad loc.

26 Mit Lucus muss Euander gemeint sein, der Verbündete des Aeneas und Vater des anschließend genannten Pallas. Flusser ad loc. vermutet, dass ein Missverständnis aufgrund von Verg. Aen. 8,104 zugrunde liegt: *ante urbem in luco. Pallas huic filius una.*

27 Nach Verg. Aen. 8,122–123: *„coramque parentem / adloquere ac nostris succede penatibus hospes."*

einen Turm. Und auch über Pallas, dem Sohn seines Bruders, baute er einen hohen Turm an der Wegkreuzung und nannte ihn „tor (it. torre) Pallas“; diese (Türme) liegen also an der Wegkreuzung und die gepflasterte Straße ist zwischen ihnen, der „tor Pallas“ auf der einen Seite, der „loco Turnus“ auf der anderen Seite, bis auf den heutigen Tag, zwischen Albano und Rom. Und Agneas nahm Jania zu seiner Frau und kehrte zu sich in sein Land zurück (nach Karthago).

Und seit jener Zeit begannen die Guandali (Vandalen), Horden des Königs von Afrika, ins Land der Kittim zu kommen, zu plündern und Beute zu machen, und Zepho ging immer mit ihnen. Da floh Zepho, der Sohn des Eliphas, aus Afrika und kam ins Land der Kittim. Und die Kittim empfingen ihn mit großer Ehre, gaben ihm große Geschenke, und der Mann wurde sehr reich. Und als die Horden Afrikas in das Land der Kittim eingefallen waren, sammelten sich die Kittim wegen der Horden der Guandali beim Kapitolio.[28]

Erneut besteht Zepho Gefahren und schließt sich den Römern an. Während er zuerst mit Aeneas verbunden war, empfangen ihn nach seiner Flucht aus Afrika nun die Kittim. Dabei zeigt der Autor ein genuines Interesse an der *Aeneis*, aus der er den Grundkonflikt zwischen Aeneas und Turnus zusammenfasst. Daran anschließend und gleichsam im Rückenwind von plündernden Vandalen ist wieder von Zepho die Rede. Dieser steht nach seiner Flucht zu den Kittim Rom bei. Damit jedoch nicht genug: Zepho schlüpft in die Haut des Retters Hercules:

ויהי היום ויאבד לצפו פר מבקרו וילך לבקש את הפר וישמע געיית הפר סביבות ההר. וילך צפו והנה בתחתית ההר מערה אחת ואבן גדולה על פי המערה. וינפץ את האבן והנה חייה גדולה אוכלת את השור, מחצייה ולמטה דמות אדם ומחצייה ולמעלה תיש. וידלג עליה צפו ויתז את ראשה. | ויאמרו יושבי כתים: מה נעשה לאיש הזה אשר הרג את החיה אשר כלתה את בהמתנו? ויועדו לעשות לו יום אחד בשנה יום מועד ויקראו היום ההוא על שמו וינסכו נסכים לפניו ביום ההוא ויביאו לו מנחות. ויעשו כן ויקראו היום ההוא מועד יאנוס. ויקראו שם צפו יאנוס על שם החיה אשר הרג.

28 Josippon 2,21–43.

Eines Tages ging Zepho ein Stier seiner Herde verloren. Da machte er sich auf, den Stier zu suchen. Als er in der Nähe des Berges das Brüllen des Stiers hörte, ging Zepho hin und siehe: Am Fuße des Berges war eine Höhle, vor deren Eingang ein großer Fels lag. Er aber zerschlug ihn, und siehe, da war ein großes Untier, das den Stier auffraß: Von der Mitte nach unten hatte es die Gestalt eines Menschen, von der Mitte nach oben jene eines Ziegenbocks. Zepho aber sprang auf es und schlug ihm den Kopf ab. Da sprachen die Bewohner des Kittim-Landes: „Was wollen wir mit diesem Mann tun, der das Untier, das unser Vieh vernichtete, getötet hat?" Da einigten sie sich, ihm zu Ehren einen Tag im Jahr als Feiertag festzulegen. Und sie benannten jenen Tag nach seinem Namen und brachten vor ihm Trankopfer dar an jenem Tag und brachten ihm Speiseopfer. So taten sie und nannten jenen Tag Fest des Janus. Und den Namen Zephos nannten sie Janus, nach dem Namen des Untiers, das er getötet hatte.[29]

Zepho wird hier zum virgilianischen Hercules, der nach der Geschichte im 8. Buch der *Aeneis* den Cacus, der seine Schlechtigkeit im Namen trägt, besiegte und Rom von diesem Ungeheuer befreite.[30] Zwar verkürzt der *Josippon* auch diese Episode: Die hübsche Szene von Hercules' Kuh, die den von Cacus versteckten Rindern zumuht, ist im *Josippon* nur noch das versteckte Rind, das einfach brüllt und so Cacus verrät. Aber für unseren Autor ist etwas anderes auch hier wichtiger: Es war Zepho, eine biblische Figur, die Rom vor einer großen Plage rettete. Und dafür wird Zepho erneut – bereits zum dritten Mal in diesem Kapitel – verehrt: diesmal sogar mit Opfergaben, ja einem Opferfest – ganz entsprechend den Ehrungen, die Hercules für seine Wohltat erhalten haben soll.[31]

---

[29] Josippon 2,44–52.
[30] Verg. Aen. 8,183–279.
[31] Verg. Aen. 8,268–275.

Zepho war, das soll deutlich gemacht werden, bei den schwierigen Anfängen Roms als Helfer präsent. Er wurde entsprechend zuerst in Karthago von Aeneas, dann in Rom in hohen Ehren gehalten. Mit der Geschichte vom herkuleischen Zepho vermag der Autor des *Josippon* erneut die enge Verbindung zwischen Israel und Rom und darüber hinaus auch die Wichtigkeit der Juden für Rom seit Urzeiten zu betonen. Zepho ist in diesen Kapiteln der weitsichtige Lenker der römischen Geschichte. Vielleicht ist sich der Autor auch der (vermuteten) Etymologie von Zepho bewusst: Der Name dürfte sich vom hebräischen Verb „zapha“ (צפה), „schauen“, ableiten.[32] So ist es auch Zepho, der den andauernden Einfällen der Vandalen ein Ende setzt. Und schließlich wird Zepho gar König der Römer: „Da versammelten sich die Kittim und setzten Zepho zum König über sie ein.“[33] Zepho verschmilzt mit Janus, der urrömischen – ebenfalls weitsichtigen, weil zweiköpfigen – Gottheit der Durchgänge. In der römischen Mythologie ist Janus auch der Urkönig von Latium und zusammen mit Saturnus, den er bei sich aufnimmt, Kulturbringer Roms.[34] Im *Josippon* trägt Zepho gleich beide Namen. Er ist Janus und Saturnus in einer Person:

ויצאו בני כתים לכבוש את בני תובל ואת הגויים אשר סביבותיהם, ויצא יאנוס מלכם לפניהם ויכבשם. ויקראו עוד שם צפו יאנוס על שם החיה ושטורנוס על שם הכוכב אשר היו עובדים לו בימים ההם, הוא כוכב שבתי.

Und die Kittim zogen aus, um die Nachkommen Tubals und die Völker in ihrer Umgebung zu erobern. Und ihr König Janus zog vor ihnen her und eroberte sie. Da nannten sie den Namen Zephos

[32] W. Baumgartner / J. J. Stamm, *Hebräisches und aramäisches Lexikon zum Alten Testament*, Bd. 3, Leiden 1983, 978–979.

[33] Josippon 2,54–55.

[34] Macr. Sat. 1,7,19–22, cf. Graf (1998).

erneut Janus, nach dem Namen des Untiers (das er getötet hatte) und Saturnus nach dem Namen des Sterns, den sie in jenen Tagen verehrten; das ist der Sabbatstern.[35]

Schließlich wird Zepho/Janus/Saturnus „König über alle Kittim und über das ganze Land Italien“[36]. Im Alter von 55 Jahren stirbt er und wird in Genua begraben.[37]

Im weiteren Bericht geht der *Josippon* rasch durch die Königsabfolge, von Picus bis zu Amulius.[38] Auf diesen folgt Romulus. Und hier lenkt der Autor sein Augenmerk auf eine weitere jüdische Figur, nämlich König David:

וימת אמוליאוס וימלוך החתיו רומולוס ל"ח שנה. בימיו הכה דוד את ארם ואת אדום, ויברח הדרעזר ובניו ויבאו בארץ כתים. ויתן להם מקום בחוף הים ומקום בהר, ויבנו שם עיר ויקראו שמה צורינטו על שם האיש הבורח מפני דוד ושמו צור, ממשפחת הדרעזר. ובנו להם עיר אלבנו הקדומה וישבו שם עד היום הזה. [...] וייראו רומולוס יראה גדולה מפני דוד ויבן חומה על כל בנייני המלכים אשר מלכו לפניו, וישם כל ההיכלות והגבעות אשר סביב בתוך החומה, ותהי קו החומה מ"ה מילין ויקרא שם העיר רומא על שם רומולוס. וייראו יראה גדולה כל ימי דוד. זה הגדיל שם בני כתים ויקראו על שם העיר רומאני עד היום הזה, ויבן היכל עצום ליוביס הוא כוכב צדק, וישם לו מועד יום חמישי ויסגור היכל לוציפרי. ויעש רומולוס מלחמות רבות ויהי ברית בינו ובין דוד. וימת רומולוס וימלוך תחתיו נומא פונפיליאוס מ"א שנה.

---

[35] Josippon 2,55–58. Die Verbindung zwischen dem Sabbat und Saturnus ist alt: Tibull 1,3,18; Tac. Hist. 5,4,4.

[36] Josippon 2, 59–60.

[37] Josippon 2,60–61. Janus galt als Gründer Genuas: Graf (1915) 21. Mögliche weitere Quellen und Parallelen zur Zepho-Geschichte im *Josippon* werden bei Flusser (1980/81) 2,134–136 und Sela (1992) diskutiert.

[38] Die Reihenfolge der Könige deckt sich im Folgenden mit jener in Hieronymus' Chronik: *Ante Aeneam Ianus Saturnus Picus Faunus Latinus in Italia regnarunt ann. circiter CL* (R. Helm (Hg.), Eusebius Werke, Bd. 7, Die Chronik des Hieronymus, Berlin 1984, 62b); cf. Flusser (1980/81) ad loc. Der *Josippon* liest Ianus Saturnus wie dann gleich anschließend auch Picus Faunus als jeweils einen Namen.

Und als Amulius starb, wurde an seiner Stelle Romulus für 38 Jahre König. In seinen Tagen schlug David Aram und Edom. Und Hadarezer[39]floh mit seinen Söhnen und sie kamen in das Land der Kittim. Und er gab ihnen einen Platz am Ufer des Meeres und einen Platz am Berg, und sie bauten dort eine Stadt und nannten ihren Namen Zurinto[40] nach dem Mann, der vor David floh. Sein Name ist Zur[41] aus der Familie des Hadarezer. Und sie bauten sich die Stadt Alt-Albano und nahmen dort Wohnsitz bis zum heutigen Tag. (…)

Aber Romulus hatte große Angst vor David und baute eine Mauer um alle Bauten der Könige, die vor ihm regiert hatten, und er setzte alle Paläste und Hügel in der Umgebung innerhalb der Mauer, und die Länge der Mauer betrug 45 Meilen, und er nannte den Namen der Stadt Rom nach dem Namen Romulus. Und sie fürchteten sich sehr, solange David lebte. Das machte den Namen der Kittim groß und man nannte sie nach dem Namen der Stadt „Romani", bis zum heutigen Tag. Und er (Romulus) baute dem Jovis (Juppiter), dem Stern der Gerechtigkeit, einen gewaltigen Tempel und setze ihm den Donnerstag als Feiertag fest und schloss den Tempel des Lucifer.[42] Und Romulus führte zahlreiche Kriege und es kam zu einem Bund zwischen ihm und David. Und Romulus starb, und nach ihm regierte Numa Ponpilius (Pompilius) 41 Jahre.[43]

Dem Autor des *Josippon* gelingt es, die Frühgeschichte Israels nicht nur mit Aeneas, sondern auch gleich noch mit Romulus zu verbinden. Der Autor meistert also jenen chronologischen Spagat zwischen Aeneas und Romulus, der den Römern selbst mitunter Mühe bereitete.

Auch Romulus ist Teil von Israels Geschichte bzw. umgekehrt: König David beeinflusst das Geschick von Roms Anfängen. Denn wie bei Zepho sind auch hier die Machtgefüge eindeutig: Rom igelt sich aus Angst vor David ein.

---

[39] Hadarezer = Hadadezer, aramäischer König: 2 Sam 8.

[40] Surrentum (Sorrento).

[41] Syrus (Aram).

[42] Venus. Latinus hatte den Lucifer-Tempel erbaut: Josippon 2,92.

[43] Josippon 2,108–123.

Dass der aramäische König Hadadezer vor David nach Italien geflohen war, musste für Romulus ein Warnzeichen vor dem offenbar enormen Einflussbereich König Davids sein. Romulus sieht sich gezwungen, eine große Mauer um die ganze Stadt und Umgebung zu bauen. Auch alle Paläste von Romulus' Vorgängern kommen innerhalb der neuen Mauer zu stehen. David obsiegt gleichsam über die ganze römische Urgeschichte. Schließlich kommt es zu einem Bündnis zwischen David und Romulus, wobei der Kontext nahelegt, dass es Rom war, das auf Israel angewiesen war und nicht umgekehrt.

Wie sind solche Gedankenkonstrukte zu verstehen? Was veranlasst den Autor des *Josippon*, biblische Figuren derart in Szene zu setzen? Man kann solche Inszenierungen als ein Indiz von Selbstbewusstsein und kultureller Blüte verstehen – oder aber umgekehrt als ein Anstemmen gegen eine ganz anders geartete Realität.[44] In jedem Fall aber handelt es sich hier um einen Versuch, Jüdisches und Römisches (bzw. Italienisches) miteinander in Verbindung zu bringen. Dabei erinnern die Mythenkorrekturen im *Josippon* an ähnliche Konstrukte aus der jüdisch-hellenistischen Literatur. So wird Hercules schon bei Flavius Josephus in die jüdische Urgeschichte eingebunden. Josephus kennt die betreffende Geschichte nur aus dritter Hand (über Alexander Polyhistor und einen gewissen Kleodem Malchas), aber sie ist ihm wichtig genug, um sie zu zitieren:

Alexander Polyhistor ist mein Zeuge für meine Darlegung, wenn er Folgendes sagt: „Kleodem, der Prophet (auch Malchas genannt), berichtet in den Dingen über die Juden entsprechend dem, was ihr Gesetzgeber Moses dargelegt hat, dass Abraham von der Katoura

[44] Zu letzterem tendiert Graf (1915) 1 (nicht im Spezifischen zum *Josippon*).

fähige Kinder geboren wurden. Er nennt aber auch ihre Namen, drei nennt er beim Namen: Japheras, Sures und Japhras. Von Sures würde sich der Name Assyrien ableiten, von Japhras beziehungsweise Japheras der Name der Stadt Ephra und das Land Afrika. Diese wären nämlich zusammen mit Herakles gegen Libyen und Antaios gezogen und Herakles habe die Tochter des Aphranes geheiratet. Mit ihr habe er einen Sohn namens Didoros gezeugt. Von diesem wiederum stamme Sophon ab, nach dem die barbarischen Sophakes heißen.[45]

Auch hier wird ein Bogen zwischen jüdischer und paganer Mythologie geschlagen. So wird Abraham über seine Söhne zum Stammvater Assyriens und Afrikas. Vor allem aber heiratet Herakles eine Enkelin Abrahams. Und auch hier liegt das primäre Bedürfnis darin, einen Konnex mit der Tradition der dominanten Kultur herzustellen. Ob Zepho mit Hercules identisch war oder Abrahams Enkelin Herakles heiratete: Jüdisches und Nichtjüdisches wird miteinander verflochten und die jüdische Tradition Teil eines größeren Konstrukts.

Eine weitere Frage drängt sich freilich auf: Warum orientiert sich der *Josippon* für diese Verbindungen derart prominent an einem Abkömmling von Esau? In der jüdischen Tradition wird Esau, ausgehend von der biblischen Geschichte (Gen 25–36), regelmäßig in ein ungünstiges Licht gestellt. Philon von Alexandrien betont die Gegensätzlichkeit zwischen Jakob und Esau: Jakob steht für Wahrheit und die Tora, der Jäger Esau hingegen für das Unstete und Lügnerische.[46] Das 4. Esra-Buch erklärt Esau als das Ende dieser Welt, Jakob als den Anfang der nächsten.[47]

---

45 Jos. Ant. Iud. 1,240–241. Wer Kleodem Malchas war, muss offen bleiben. Cf. zu dieser Stelle Bloch (2011) 215–219.

46 Phil. Congr. 61–62.

47 4 Esra 6,9.

Besonders stark ausgebreitet wird dieses Negativbild Esaus dann vor allem in der rabbinischen Literatur: Hier steht Esau neben Edom regelmäßig für das frevlerische Rom, dem man die Zerstörung des Jerusalemer Tempels nicht verzeiht und das am Ende der Zeiten für seine Untaten wird büßen müssen.[48] Esau steht für Frevel und Untergang, für Lug und Trug – so in dem folgenden Abschnitt aus einem Midrasch, wo Esau mit einem Schwein verglichen wird, das wiederum Rom symbolisiert:

Warum wird er (Esau) mit einem Schwein verglichen? Doch weil ein Schwein, zur Stunde wenn es sich niederlegt, seine Hufe ausstreckt, gleichsam um zu sagen: „Ich bin rein". So raubt und nötigt diese üble Regierung und macht dabei den Anschein, als würde sie Gericht halten.[49]

Was also könnte den Autor des *Josippon* dazu bewogen haben, gerade einen unmittelbaren Nachkommen Esaus, nämlich dessen Enkel Zepho, zum Protagonisten seiner jüdisch-römischen Urgeschichte zu küren? Es geht wohl kaum bloß um eine Ätiologie der rabbinischen Chiffre „Esau" für Rom.[50] Zwar ist in den besprochenen Passagen gleichsam eine Metamorphose Zephos hin zum römischen König zu beobachten, aber die Schilderung Zephos ist zu glorreich (und schließt ja auch eine Verbindung mit Hercules ein), als dass es dem *Josippon* um eine Klärung der rabbinischen Bezeichnung Roms hätte gehen können. Viel eher ist unserem Autor an einer Korrektur des negativen

[48] Cohen (1967) 21–27; Stemberger (1983); Hadas-Lebel (2005) 497–511; Yuval (2006) 3–20.

[49] Genesis Rabba 65,1.

[50] So Stemberger (1983) 149; Cohen (1967) 40 spricht von „the first medieval apologia for the Rabbinic theory of Edom-Rome".

Rombildes gelegen.[51] Zwar wagt es der Autor des *Josippon* nicht, Esau selbst die jüdische Protagonisten-Rolle zuzuordnen. Das wäre möglicherweise zu weit gegangen. Aber nur schon die Tatsache, dass ein Enkel Esaus derart glorreich geschildert wird, steht in starkem Kontrast zum sonstigen Esau-Bild in der antiken jüdischen Literatur. Der *Josippon* ersinnt eine ganz andersartige Beziehung zu Rom als die rabbinische Literatur dies tat. Der Autor nutzt die rabbinische Gleichsetzung von Esau mit Rom und füllt sie mit einer neuen Bedeutung: Esaus Enkel Zepho und die ersten Römer leben im eigentlichen Sinne symbiotisch – wobei es Zepho und später König David sind, die das Geschick der Römer leiten.

Wenig Sicheres lässt sich über die Juden Süditaliens im 10. Jh. sagen. In jener Zeit kam es zu einer Renaissance der hebräischen Sprache und Literatur.[52] Es war aber auch eine Zeit, in der Zwangskonversionen zunahmen, die Juden in den Selbstmord trieben.[53] Der *Josippon* scheint von einem Autor verfasst worden zu sein, dem die Verbindung zwischen den Juden und Italien wichtig war. Er kreiert hierfür genealogische Verbindungen, wie man sie in ihrer Kühnheit in der jüdischen Literatur früherer Zeit nur aus der jüdisch-hellenistischen Literatur kennt.[54] Der *Josippon* ermöglichte den mittelalterlichen jüdischen Lesern, „neue Ereignisse in eine alte, längst etablierte Begriffs- und Vorstellungswelt

---

[51] Dass der Josippon insgesamt ein „Korrektiv der rabbinischen Römerdarstellung“ beabsichtigt, vermutet auch Stemberger (1983) 148. 153.

[52] Loewenthal (1987) 108–112; Colafemmina (2000); Dönitz (2007) 170.

[53] Ben-Sasson (1979) 40–41; Grundmann (2009).

[54] Zu Autoren wie Artapanus oder dem jüdischen Pseudo-Orpheus cf. Bloch (2011).

einzuordnen", wie Yosef H. Yerushalmi festhält.[55] Dies geschieht im Falle der Verbindung von Aeneas und Romulus mit dem Judentum auf eine besonders komplexe Art und Weise: Nicht nur dienen biblische Figuren als „Archetypen" (Yerushalmi) für in späterer Zeit Geschehenes, sondern das vom Autor anvisierte Gegenwartsbild (ob als Realität oder als Ideal) wird hier zusätzlich durch Rückgriffe auf die römische Mythologie verstärkt. Derlei fiktive Volksgeschichten, die oft ruhmreiche Brücken schlagen wollen, sind sowohl in der antiken als auch in der mittelalterlichen Literatur verbreitet.[56]

Die Verbindungen von Aeneas und Romulus mit Zepho und König David sind nicht die einzigen Beispiele jüdisch-römischer Symbiose im *Josippon*. Als unser Autor auf die punischen Kriege und den römischen Sieg über Karthago zu sprechen kommt, berichtet er zuerst über die für Italien so entscheidenden Kämpfe, um dann erneut eine Verbindung zur jüdischen Geschichte herzustellen. Nachdem Karthago besiegt war, kontaktierte der römische Senat die Makkabäer, die ihrerseits erfolgreich die Seleukiden besiegt hatten: Ein Pakt zwischen den beiden „Supermächten" des zweiten Jh. v. Chr. bot sich an, und der *Josippon* zitiert den Vertragstext:

ואלה דברי הברית אשר כרתו גוי רומנים ועם יהודה: יתאהבו ויתחברו ויתעזרו איש את רעיהו גוי רומנים ועם יהודה בים וביבשה לעולם. ואם תעמוד מלחמה בגוי רומנים, יעזרום היהודים לפי כוחם ולא יתנו לאויבי רומנים כלי מלחמה ולא חטים ולא כל מחייה כאשר גזר הישיש ושלש מאות ועשרים יועצים. | ואם תתגר מלחמה בגוי יהודה, יעדום רומנים לפי כוחם ולא יתנו לאויבי היהודים לא כלי מלחמה ולא חטים ולא כל מחיה. וגם לא יקחו מחיה מן היהודים, כי יבואו בעזרתם בצרה אשר להם, ולא יוסיפו אלה על אלה ולא יגרעו כאשר גזר הישיש ושלש מאות ועשרים יועציו.

[55] Yerushalmi (1988) 48.

[56] Wegweisend hierzu Bickerman (1952); cf. für das Mittelalter Wolfram (1994) und Graf (2000).

Und dies sind die Worte des Bundes, den das Volk der Römer mit dem Volk Juda schloss: „Das Volk der Römer und das Volk Juda sollen einander lieben, Verbündete sein und sich gegenseitig helfen, auf See wie zu Land, in alle Ewigkeit. Und wenn ein Krieg gegen das Volk der Römer bevorsteht, sollen die Juden ihnen entsprechend ihrer Kraft helfen. Und sie sollen den Feinden der Römer keine Kriegsmittel, keinen Weizen und keinerlei Lebensmittel geben, wie der ehrwürdige (Senat) mit den 320 Räten beschlossen hat. Und wenn ein Krieg gegen das Volk Juda ausbricht, sollen die Römer ihnen entsprechend ihrer Kraft helfen. Und sie sollen den Feinden der Juden keine Kriegsmittel, keinen Weizen und keinerlei Lebensmittel geben. Und sie werden keine Lebensmittel von den Juden nehmen, wenn sie ihnen in ihrer Not zu Hilfe kommen. Sie werden nichts zu diesen (Bestimmungen) hinzufügen noch (von diesen) wegnehmen, wie es der ehrwürdige (Senat) und seine 320 Räte beschlossen haben.“[57]

Die Beziehung zwischen den Makkabäern (Hasmonäern) und Rom, von der der *Josippon* handelt, ist nicht einfach frei erfunden: Schon das 1. *Makkabäerbuch* berichtet von einem Vertrag, den die Makkabäer mit den Römern schlossen. Da aber handelt es sich um einen römischen Schutzbrief für die Juden: es sind die Juden, die sich die Freundschaft mit den Römern sichern wollen.[58] Der *Josippon* betont viel stärker die gegenseitige Abhängigkeit und Empathie: Römer und Juden schlossen einen Liebesbund (יתאהבו / ברית)! Erneut wird der Wunsch des in Süditalien wirkenden Autors deutlich, das Judentum und Italien zu verbinden. Romulus sicherte sich durch ein Bündnis mit König David ab, der römische Senat nach den Schrecknissen der punischen Kriege durch ein Bündnis mit den Makkabäern.

---

[57] Josippon 21,66–74.

[58] 1 Makk. 15,17: „Die Gesandten der Juden kamen als unsere Freunde und Verbündete zu uns. Sie haben die seit alters bestehende Freundschaft und Bundesgenossenschaft erneuert. Geschickt wurden sie vom Hohepriester Simon und vom Volk der Juden.“

Der Autor des *Josippon* nahm mit Flavius Josephus dankbar einen Autor auf, der ebenfalls eine Brücke zwischen Rom und Jerusalem zu schlagen versucht hatte. Und wie Josephus nimmt auch der Autor des *Josippon* Vespasian und Titus, die Eroberer Jerusalems, in Schutz.[59] Noch mehr als das *Bellum Iudaicum* betont der *Josippon*, wie sehr die Römer sich mit den jüdischen Aufständischen zu versöhnen versuchten. Als der Titus des *Josippon* traurig den schon fast niedergebrannten Jerusalemer Tempel betritt, erkennt er, dass dies tatsächlich das Haus Gottes war: „Jetzt weiß ich, dass dies das Haus des himmlischen Gottes und die Wohnstätte seiner Herrlichkeit war (...).“[60] Der *Josippon* entschuldigt die Flavier durchweg. Schuld an der Katastrophe sind einzig die Juden:

ורבים מעמינו רעים ואנשי בליעל מבקשים לגרות מלחמה וישמחו במלחמות, כי זה מעשיהם, ויפלו הטובים מבקשי שלום ברעתם.

Viele von unserem Volk sind schlechte und nichtsnutzige Männer. Sie trachten danach, einen Krieg anzufangen, und freuen sich über Kriege. Denn dies sind ihre Taten und wegen ihrer Schlechtigkeit werden die Guten, die den Frieden suchen, fallen.[61]

Josippons Schuldzuweisung lässt keine Nuancen zu und ist Teil seines Bedürfnisses nach jüdisch-römischer Harmonie. Ganz anders lautet das Urteil über das siegreiche Rom in der rabbinischen Literatur. Diese rechnet mit dem Eroberer Jerusalems gnadenlos ab und ersinnt für sie einen grau-

---

[59] Bowman (1993) 288; Börner-Klein (2010).

[60] Josippon 87, 29–30. Der *Josippon* inszeniert eine Aussage, die bei Hegesipp in indirekter Rede anklingt: *nec immerito tantam fuisse celebritatam loci pronuntiabat, ut eo ex locis omnibus conveniretur, quia tantum non nisi dei summi crederetur esse domicilium* (5,43).

[61] Josippon 60,9–10 (aus der Rede Agrippas).

samen Tod.[62] Zwar zeigt auch die rabbinische Literatur bei aller Polemik gegen Rom zumindest gelegentlich ein Interesse, Römisches und Jüdisches zu verbinden. Auch der Talmud weiß von einem Austausch zwischen Römern und Juden und damit verbunden von einer jüdischen Überlegenheit (einer geistigen allerdings, keiner militärischen). Aber offizielle jüdisch-römische Bündnisse, wie der *Josippon* sie vertritt, sind in der rabbinischen Literatur undenkbar. Gleichsam symptomatisch hierfür ist die Episode vom Austausch zwischen Rabbi Jehuda HaNassi (Rabbi) und dem römischen Kaiser Antoninus Pius (86–161 n. Chr.). Antoninus suchte, so die Geschichte, Rat beim Rabbi in Palästina. Aber dieser Austausch findet im Untergrund statt:

> Er (Antoninus) hatte einen Tunnel, der von seinem Haus zum Haus Rabbis ging. An jedem Tag (an dem er Rabbi besuchte) brachte er zwei Diener mit. Einen tötete er an der Türe Rabbis und einen an der Türe seines Hauses. Er (Antoninus) sagte zu Rabbi: Wenn ich komme, soll sich kein Mensch in Deiner Anwesenheit befinden.[63]

Der Talmud stellt sich hier einen unterirdischen Geheimgang vor, von dem niemand etwas erfahren darf. Jeder Besuch des römischen Kaisers beim Rabbi kostet zwei heidnischen Sklaven das Leben. Der *Josippon* hingegen präsentiert keinen unterirdischen Kanal zwischen Rom und Israel, sondern offizielle Bündnisse zwischen dem römischen König Romulus und dem jüdischen König David, zwischen den Makkabäern und dem Senat. Beide Male fällt das theologisch stark aufgeladene Wort „Bund" (ברית). An einer Stelle im Traktat *Avoda Zara* des Jerusalemer Talmuds heißt es:

---

[62] Stemberger (1983) 69–73.
[63] bAvoda Zara 10b.

יום שהעמיד ירבעם שני עגלי זהב באו רומס ורומילס ובנו שני צריפים ברומי.

An dem Tag, an dem Jerobeam (I.) zwei goldene Kälber aufstellte (1 Kg 12,28–29), kamen Romas und Romilas (Remus und Romulus) und bauten zwei Hütten in Rom.[64]

Hier werden durch die Verbindung von Romas und Romilas, das sind Remus und Romulus, mit dem frevlerischen Nordreichkönig Jerobeam I. Alter und Ruhm der Ursprünge Roms relativiert.[65] Dem *Josippon* aber ist nicht an einer Kritik Roms gelegen. Hier wird nicht der frevlerische König Jerobeam mit Rom in Verbindung gebracht, sondern König David.

Manches muss offen bleiben. Die Anonymität des *Josippon* verunmöglicht eine genauere Einbettung des Werks. Eine solch ausführliche und prominente Verkettung von jüdischer und römischer Urgeschichte findet sich jedenfalls erst und nur im *Josippon*. Hier wird ein Rom-Bild kolportiert, das sich von früheren in der jüdischen Literatur deutlich unterscheidet und diesbezüglich auch den romfreundlichen Flavius Josephus noch übertrifft. Der jüdischen Rezeption tat dies keinen Abbruch. Auch in rabbinisch geprägten Kreisen stieß der *Josippon* auf großen Zuspruch.[66]

64 jAvoda Zara 1,2,39c.

65 Cf. Hadas-Lebel (2006) 387–389.

66 Bowman (1995) 26–27.

Nachwort

Ich habe für die Art und Weise, wie die in diesem Buch diskutierten Texte mit der biblischen Vorlage umgehen, eine Metapher aus der Welt des Theaters gewählt und von Drehbühnen gesprochen. Das mag auf den ersten Blick schon deswegen erstaunen, weil das antike Judentum gerne als gänzlich theaterfremd verstanden wird. Das Judentum habe das Theater erst in der Moderne kennengelernt, ist häufig zu lesen, zuvor sei der Jude nie ein *homo theatralis* gewesen. Dass dem nicht so ist, habe ich an anderer Stelle dargelegt: Es gab eine antike jüdische Theaterszene; Juden spielten Theater, besuchten das Theater und verfassten Theaterstücke (eines, das Exodus-Drama des Ezechiel Tragicus, ist fragmentarisch erhalten).[1] In einzelnen Texten der antiken jüdischen Literatur, wie dem hier besprochenen Roman *Joseph und Aseneth*, ist zudem die Nähe zur Bühne gleichsam mit Händen zu greifen.

Wenn meine vier Jenaer Vorlesungen hier mit *Jüdische Drehbühnen* überschrieben sind, so waren damit, wie eingangs dargelegt, in einem übertragenen Sinne literarische Neuinszenierungen und Neudeutungen biblischer Texte gemeint. Im modernen Theater werden Drehbühnen seit dem späten 19. Jahrhundert eingesetzt, um rasche, mitunter auch überraschende Bilderwechsel auf der Bühne zu ermöglichen. Eine kreisrunde Fläche dreht sich und zaubert neue Bühnen-

[1] Cf. Bloch (2009a)

bilder hervor. Mithilfe von Drehbühnen können Darsteller allenfalls auch von einer Szene zur nächsten übertreten oder sich in die Gegenrichtung bewegen. Drehbühnen stehen für Varietät und Überraschendes.

Von solcherlei Szenenwechseln war in den vier Vorlesungen, gleichsam in vier Akten, die Rede. Die Tora war dabei sozusagen die Drehfläche, fest in den Bühnenboden eingebaut, die ganz unterschiedliche Bühnenbilder hervorbringen konnte. Wir haben einleitend und erneut auf das Vokabular des Theaters (und der bildenden Kunst) zurückgreifend überdies von Collagen gesprochen, von Versatzstücken, die übereinander „geklebt" werden und ein neues Ganzes ergeben. Im Italien des *Josippon* trifft David auf Romulus, Philon in seinem Alexandrien auf Moses: Solche Collagen ermöglichten neue, zeitgenössische Lesungen der Tora. Denn alle vier Texte, die wir im Folgenden kurz Revue passieren lassen wollen, waren in besonderem Maße von ihrem zeitlichen Umfeld geprägt. Dabei waren das ptolemäische und römische Alexandrien, das kaiserzeitliche Palästina und das Italien des 10. Jahrhunderts selbstredend ganz unterschiedliche Zeitläufte. Aber die vier Texte haben gemein, dass sie ein komplexes Verhältnis zur nichtjüdischen Umwelt widerspiegeln: Zum einen stehen sie für ein authentisches Judentum ein. Zum andern sind sie aber auch alle um Verbindungen mit der Mehrheitsgesellschaft bemüht.

Joseph und Aseneth ist ein jüdisch-hellenistischer Roman, der seinen Ausgangspunkt von einer kurzen Genesis-Stelle nimmt, an der die Hochzeit des Joseph mit Asenat, der Tochter des ägyptischen Priesters von On erwähnt ist (Gen 41,45). Der wohl im ägyptischen Alexandrien wirkende Autor nutzt diese für den biblischen Bericht keineswegs zentrale Heirat zum einen zu einer Neuinszenierung, in der jüdische Souveränität und Selbständigkeit betont wird.

Während in der biblischen Geschichte Joseph im Haus des Potifar in enge Bedrängnis kommt (und wegen angeblicher sexueller Belästigung im Gefängnis landet), zeichnet der Autor von *Joseph und Aseneth* einen neuen, wegweisenden Joseph. Aseneth hebt sich ihrerseits durch ihre Konversion zum Judentum auf die Stufe Josephs und ist dann imstande, ihre frühere Eile abzulegen und zu jüdischer Ruhe zu gelangen. Dies ist ein von der biblischen Vorlage ganz verschiedenes Bühnenbild, in dem das biblische Motiv der Hochzeit von Joseph und Aseneth mit den zeitgenössischen Ansprüchen des Autors verbunden wird. Zum andern nutzt dieser die kurze Notiz im Genesis-Buch aber auch dazu, einen unterhaltsamen jüdischen Liebesroman – einen der frühesten in griechischer Sprache – zu schaffen.

In der zweiten Vorlesung, zu Philons Moses-Biographie, dient die Tora abermals als Vorlage für die Deutung der eigenen Lebenswelt. Auf faszinierende Art und Weise transferiert Philon Moses in das hellenistisch-römische Alexandrien und spiegelt sich selbst in der Figur des Moses. Moses und Philon besuchen dieselbe Schule, und beide müssen in ähnlicher Form das Judentum vor den nichtjüdischen Herrschern der Zeit verteidigen. Philon zweifelt dabei die biblische Vorlage genauso wenig an wie der (namentlich nicht bekannte) Autor von *Joseph und Aseneth*. Aber auch Philon deutet mit einer bemerkenswerten inhaltlichen Freiheit den biblischen Text in einer für sich und seine Leser anregenden Weise neu. Philons Moses-Traktat unterscheidet sich in Intention und Form stark vom jüdischen Roman *Joseph und Aseneth*. Aber beide Texte variieren und aktualisieren die Tora.

Die dritte Vorlesung führte uns aus der ägyptischen Diaspora in das rabbinische Palästina und zum überlieferungsgeschichtlich schwer greifbaren sogenannten Pseudo-Philo, der die biblische Geschichte von den Anfängen bis zum Tod Sauls unter manchen Auslassungen und mit manchen Zusätzen paraphrasiert. Dabei zeigte sich bei diesem ansonsten eher radikal argumentierenden Autor gerade im heiklen Bereich der Ästhetik eine Reihe von paganen Spuren, die seine letztlich doch feste Einbettung in der mediterranen Kultur zum Vorschein brachten. Als Schlüsselszene des Werks erwies sich die Deliberation der Israeliten am Schilfmeer. Vor dem ausweglos scheinenden Wasser stehend, die herannahenden Ägypter im Nacken, werden drei Optionen zur Diskussion gestellt, die symbolisch als unterschiedliche jüdische Strategien im Umgang mit der paganen Welt gelesen werden können: Märtyrertum, Integration oder bewaffneter Widerstand. Pseudo-Philo aber plädiert hier und auch sonst in seinem Werk für Gottvertrauen und Zurückhaltung. Dies bringt ihn in die Nähe der ähnlich zu politischer Vorsicht gemahnenden rabbinischen Literatur.

Am prägnantesten greifbar ist die Reflexion über den richtigen Weg im Umgang mit der nichtjüdischen Mehrheitsgesellschaft schließlich im *Josippon*, dem Chef d'oeuvre jüdischer Historiographie im Mittelalter. Der in Italien wirkende und für uns namentlich erneut unbekannt bleibende Autor erfindet die seit alters negativ aufgeladene Figur des Esau neu und bringt sie über dessen Enkel Zepho mit der römischen Urgeschichte in Verbindung. Zepho und später König David stehen für jüdische Stärke und heroische Taten, an denen sich die mythischen Anfänge Roms orientieren. Der Text sucht genauso nach Verbindungen mit Italien, wie er auch durchweg jüdische Führungsansprüche stellt. In beidem führt der *Josippon* dabei einen komplexen Diskurs über den Umgang mit der nichtjüdischen Umwelt weiter, der in dieser Form seine Anfänge in der jüdisch-hellenistischen Literatur hat.

Bibliographie

Alexandre (1967a) Alexandre, M., *Philon d'Alexandrie. De Congressu Eruditionis Gratia*, Paris 1967.

Alexandre (1967b) Alexandre, M., „La culture profane chez Philon.“ In: R. Arnaldez et al. (Hgg.), *Philon d'Alexandrie. Lyon, 11–15 Septembre* 1966, Paris 1967, 105–129.

Alexiou / Dronke (1971) Alexiou, M. / Dronke, P., „Lament of Jeptha's Daughter.“ *Studi Medievali* 12 (1971) 819–63.

Barclay (1996) Barclay, J. M. G., *Jews in the Mediterranean Diaspora: From Alexander to Trajan (323 BCE–117 CE)*, Berkeley / Los Angeles / London 1996.

Barns (1956) Barns, J. W. B., „Egypt and the Greek Romance.“ *Akten des 8. Internationalen Kongresses für Papyrologie*, Wien 1956, 29–36.

Ben-Sasson (1979) Ben-Sasson, H. H., *Geschichte des jüdischen Volkes. Bd. 2: Vom 7.–17. Jahrhundert: Das Mittelalter*, München 1979.

Bickerman (1952) Bickerman, E. J., „Origines Gentium.“ *Classical Philology* 47 (1952) 65–81.

Bierl (2009) Bierl, A., „Der griechische Roman – ein Mythos?“ In: U. Dill / Ch. Walde (Hgg.), *Antike Mythen. Medien, Transformationen und Konstruktionen*, Berlin 2009, 709–739.

Bloch (2005) Bloch, R., „‚Meine Mutter erzählte mir alles': Ezechiel *Exagoge* 34–35 und der Mythos.“ *Judaica* 61 (2005) 97–109.

Bloch (2009a) Bloch, R., „Von Szene zu Szene: Das jüdische Theater in der Antike.“ In: R. C. Schwinges / M. Konradt (Hgg.), Juden in ihrer Umwelt. Akkulturation des Judentums in Antike und Mittelalter, Basel 2009, 57–86.

Bloch (2009b) Bloch, R., „Die Verbindung jüdischer und römischer Urgeschichte im *Josippon*: Übersetzung aus dem zweiten Kapitel (2,1–52) des hebräischen Originals (editio Flusser)“. *Judaica* 65 (2009) 339–343.

Bloch (2010) Bloch, R., „Flavius Josephus, Bellum Judaicum.“ In: Ch. Walde (Hg.), *Die Rezeption der antiken Literatur. Kulturhis-*

torisches Werklexikon, Der Neue Pauly, Supplemente 7, Stuttgart/Weimar 2010, 397–406.

Bloch (2011) Bloch, R., *Moses und der Mythos. Die Auseinandersetzung mit der griechischen Mythologie bei jüdisch-hellenistischen Autoren*, Leiden/Boston 2011.

Bloch (2013) Bloch, R., „Alexandre le Grand et le judaïsme: La double stratégie d'auteurs juifs de l'antiquité et du Moyen Âge." In: M. Bridges/C. Gaullier-Bougassas (Hgg.), *Les voyages d'Alexandre au paradis: Orient et Occident, regards croisés*, Turnhout 2013, 145–162.

Bogaert (1976) Bogaert, P.-M., „La datation." In: D.J. Harrington (Hg.), *Pseudo-Philon, Les antiquités bibliques*, vol. 2, Paris 1976, 66–74.

Bohak (1996) Bohak, G., *Joseph and Aseneth and the Jewish Temple in Heliopolis*, Atlanta 1996.

Borgen (1997) Borgen, P., *Philo of Alexandria. An Exegete for His Time*, Leiden 1997.

Börner-Klein (2010) Börner-Klein, D., „Jews and Romans as friends and foes according to Sefer Josippon." In: G.G. Xeravits (Hg.), *The Stranger in Ancient and Mediaeval Jewish Tradition.* Papers Read at the First Meeting of the JBSCE, Piliscsaba, 2009, Berlin/New York 2010, 228–238.

Börner-Klein/Zuber (2010) Börner-Klein, D./Zuber, B., *Josippon. Jüdische Geschichte vom Anfang der Welt bis zum Ende des ersten Aufstands gegen Rom*, Wiesbaden 2010.

Bowman (1993) Bowman, S., „Sefer Yosippon: History and Midrash." In: M. Fishbane (Hg.), *The Midrashic Imagination: Jewish Exegesis, Thought, and History*, Albany 1993, 280–294.

Bowman (1995) Bowman, S., „‚Yosippon' and Jewish Nationalism." *Proceedings of the American Academy for Jewish Research* 61 (1995) 23–51.

Boyarin (1997) Boyarin, D., „Masada or Yavneh? Gender and the Arts of Jewish Resistance." In: id./J. Boyarin (Hgg.), *Jews and Other Differences: The New Jewish Cultural Studies*, Minneapolis 1997, 306–329.

Braginskaya (2005) Braginskaya, N., „„Joseph and Aseneth": A „Midrash" before midrash and a „Novel" before novel." *Vestnik drevnej istorii* 254 (2005) 73–96 (russ.).

Braun (1938) Braun, M., *History and Romance in Graeco-Oriental Literature*, Oxford 1938.

Burchard (1996) Burchard, Ch., *Gesammelte Studien zu Joseph und Aseneth*, Leiden 1996.

Burchard (2003) Burchard, Ch., *Joseph und Aseneth*, Leiden / Boston 2003.

Burfeind (2009) Burfeind, C., *Encyclopedia of the Bible and its Reception*, Bd. 2, Berlin 2009, s. v. Asenath, 962–967.

Cancik (2004) Cancik, H., „Fremde Bilder: Kult und Kunst in den Talmud-Traktaten Abodah Zarah." In: B.Luchesi / K. von Stuckrad (Hgg.), *Religion im kulturellen Diskurs*. Festschrift für H. G. Kippenberg zu seinem 65. Geburtstag, Berlin 2004, 273–289.

Cohen (1967) Cohen, G. D., „Esau as a Symbol in Early Medieval Thought." In: A. Altman (Hg.), *Jewish Medieval and Renaissance Studies*, Cambridge, Mass. 1967, 19–48.

Cohn (1898) Cohn, L. „An Apocryphal Work Ascribed to Philo of Alexandria." *The Jewish Quarterly Review* 10 (1898) 277–332.

Cohn (1899) Cohn, L., „Einteilung und Chronologie der Schriften Philos." *Philologus Suppl.* 7 (1899) 387–435.

Cohn (1909) Cohn, L. et al. (Hgg.), *Die Werke Philos von Alexandria in deutscher Übersetzung. Erster Teil,* Breslau 1909.

Cohn (1915) Cohn, L., „Pseudo-Philo und Jerachmeel." In *Festschrift zum Siebzigsten Geburtstage Jakob Guttmanns*, Leipzig 1915, 173–185.

Colafemmina (2000) Colafemmina, C., „Hebrew Inscriptions of the Early Medieval Period in Southern Italy." In: B. D. Cooperman / B. Garvin (Hgg.), *The Jews of Italy: Memory and Identity*, Bethesda, Md. 2000, 64–81.

CPJ Tcherikover, A. et al. (Hgg.), *Corpus Papyrorum Judaicarum*, 1–3, Cambridge (Mass.) 1957–1964.

Dietzfelbinger (1979) Dietzfelbinger, C., *Pseudo-Philo. Antiquitates Biblicae (Liber Antiquitatum Biblicarum)*. Jüdische Schriften aus hellenistisch-römischer Zeit Band II. Unterweisung in erzählender Form, Gütersloh 1979.

Dönitz (2007) Dönitz, S., „Von Italien nach Ashkenaz – Sefer Yosippon und die historiographische Tradition des Mittelalters." In: A. Kuyt / G. Necker (Hgg.), *Orient als Grenzbereich? Rabbinisches und außerrabbinisches Judentum*, Wiesbaden, 2007, 169–182.

Dönitz (2009) Dönitz, S., „*Sefer Yosippon* and the Greek Bible.“ In: N. de Lange et al. (Hgg.), *Jewish Reception of Greek Bible Versions. Studies in Their Use in Late Antiquity and the Middle Ages*, Tübingen 2009, 223–234.

Erren (2002) Erren, M., *P. Vergilius Maro, Georgica. Bd. 2, Kommentar*, Heidelberg 2002.

Feldman (1971) Feldman, L. H., *The Biblical Antiquities of Philo by M. R. James. Introduction*, New York 1971.

Feldman (2007) Feldman, L. H., *Philo's Portrayal of Moses in the Context of Ancient Judaism*, Notre Dame 2007.

Fink (2008) Fink, U. B., *Joseph und Aseneth. Revision des griechischen Textes und Edition der zweiten lateinischen Übersetzung*, Berlin / New York 2008.

Flusser (1974) Flusser, D., „Der lateinische Josephus und der hebräische Josippon.“ In: O. Betz et al. (Hgg.), *Josephus-Studien*, Göttingen 1974, 122–132.

Flusser (1981/82) Flusser, D., *The Josippon* [Josephus Gorionides]. Edited with an Introduction, Commentary and Notes, Jerusalem 1981–1982 (hebr.).

Flusser (1987) Flusser, D., „Josippon, a Medieval Hebrew Version of Josephus.“ In: L. H. Feldman / G. Hata (Hgg.), *Josephus, Judaism, and Christianity*, Detroit 1987, 386–397.

Fraenkel (1896) Fraenkel, S., „Die Sprache des Josippon.“ *Zeitschrift der deutschen morgenländischen Gesellschaft* 50 (1896) 418–422.

Friedheim (2006) Friedheim, E., *Rabbinisme et Paganisme en Palestine romaine. Étude historique des Realia talmudiques (Ier–IVème siècles)*, Leiden / Boston 2006.

Fuchs (1962) Fuchs, H., „Enkyklios Paideia.“ *RAC* (1962) 365–398.

Goodenough (1933) Goodenough, E. R., „Philo's Exposition of the Law and His De Vita Mosis.“ *Harvard Theological Review* 26 (1933) 109–125.

Goodenough (1938) Goodenough, E. R., *The Politics of Philo of Judaeus. Practice and Theory*, New Haven 1938.

Graf (1915) Graf, A., *Roma nella memoria e nelle immaginazioni del medio evo*, Turin 1915.

Graf (1998) Graf, F., „Ianus.“ In: *Der Neue Pauly*, Bd. 5, Stuttgart 1998, 858–861.

Graf (2000) Graf, F., „Origo Gentium. Basels Basilisk und andere Gründungsmythen in mittelalterlichen Erzählungen.“ In

S. Slanička (Hg.), *Begegnungen mit dem Mittelalter in Basel*, Basel 2000, 223–237.

Graf (2009) Graf, F., *Apollo*, London 2009.

Gruen (1998) Gruen, E. S., *Heritage and Hellenism: The Reinvention of Jewish Tradition*, Berkeley 1998.

Grundmann (2009) Grundmann, R., „"Ist nicht an einem solchen Tag der Tod besser als das Leben?": Gewalt gegen sich selbst und gegen andere aus der Sicht des rabbinischen Judentums und des Sefer Yosippon." *Frankfurter Judaistische Beiträge* 35 (2009) 65–83.

Hadas-Lebel (2005) Hadas-Lebel, M., *Jerusalem against Rome*, Leuven / Dudley, MA 2006.

Harrington (1974) Harrington, D. J., *The Hebrew Fragments of Pseudo-Philo*, Missoula 1974.

Harrington (1976) Harrington, D. J., *Pseudo-Philon, Les Antiquités Bibliques. Introduction et texte critique*, Paris 1976.

Harrison (2007) Harrison, S., „Parallel Cults? Religion and Narrative in Apuleius' *Metamorphoses* and Some Greek Novels." In: M. Paschalis et al. (Hgg.), *The Greek and the Roman Novel: Parallel Readings*, Groningen 2007, 204–218.

Heszer (1997) Heszer, C., „‚Joseph and Aseneth' in the Context of Ancient Greek Erotic Novels." *Frankfurter Judaistische Beiträge* 24 (1997) 1–40.

Holzberg (2006) Holzberg, N., *Der antike Roman. Eine Einführung*, Darmstadt 2006[3].

Humphrey (2000) Humphrey, E. M., *Joseph and Aseneth*, Sheffield 2000.

Inowlocki (2002) Inowlocki,S., *Des idoles mortes et muettes au dieu vivant. Joseph, Aséneth et le fils de Pharaon dans un roman du judaïsme hellénisé*, Turnhout 2002.

Jacobs (1998) Jacobs, M., „Römische Thermenkultur im Spiegel des Talmud Yerushalmi." In: P. Schäfer (Hg.), *The Talmud Yerushalmi and Graeco-Roman Culture I*, Tübingen 1998, 219–311.

Jacobson (1983) Jacobson, H., „Marginalia to Pseudo-Philo Liber Antiquitatum Biblicarum and to the Chronicles of Jerahmeel." *Revue des Etudes Juives* 142 (1983) 455–459.

Jacobson (1996) Jacobson, H., *A Commentary on Pseudo-Philo's Liber Antiquitatum Biblicarum. With Latin Text & English Translation*, Leiden 1996.

Jacobson (2012) Jacobson, H., „Biblical Interpretation in Pseudo-Philo's Liber Antiquitatum Biblicarum." In M. Henze (Hg.), *A Companion to Biblical Interpretation in Early Judaism*, Grand Rapids / Cambridge 2012, 180–199.

Karla (2009) Karla, G.A. (Hg.), *Fiction on the Fringe: Novelistic Writing in the Post-Classical Age*, Leiden 2009.

Kerényi (1973) Kerényi, K., *Die griechisch-orientalische Romanliteratur in religionsgeschichtlicher Beleuchtung: ein Versuch mit Nachbetrachtungen*, Darmstadt 1973.

Kraemer (1998) Kraemer, R.S., *When Aseneth Met Joseph: A Late Antique Tale of the Biblical Patriarch and His Egyptian Wife, Reconsidered*, New York 1998.

Lalanne (2006) Lalanne, S., *Une éducation grecque: rites de passage et construction des genres dans le roman grec ancien*, Paris 2006.

Lipsett (2011) Lipsett, B.D., *Desiring Conversion: Hermas, Thecla, Aseneth*, Oxford 2011.

Loewenthal (1987) Loewenthal, E., „Una cronaca ebraica: Il *Sefer Josippon*, l'Italia meridionale e la storia romana." In: F. Parente (Hg.), *Aspetti della storiografia ebraica*, Rom 1987, 105–124.

Massebieau / Bréhier (1906) Massebieau, L. / Bréhier, E., „Essai sur la chronologie de la vie et des oeuvres de Philon." *RHR* 53 (1906) 25–64;164–185;267–289.

Matusova (2010) Matusova, E., „Allegorical Interpretation of the Pentateuch in Alexandria: Inscribing Aristobulus and Philo in a Wider Literary Context." *SPhA* 22 (2010) 1–51.

Mendelson (1982) Mendelson, A., *Secular Education in Philo of Alexandria*, Cincinnati 1982.

Merkelbach (1962) Merkelbach, R., *Roman und Mysterium in der Antike*, München / Berlin 1962.

Murphy (1988) Murphy, F., „Retelling the Bible: Idolatry in Pseudo-Philo." *Journal of Biblical Literature* 107 (1988) 275–287.

Murphy (1993) Murphy, F.J., *Pseudo-Philo. Rewriting the Bible*, New York / Oxford 1993.

Najman (2002) Najman, H., *Seconding Sinai: The Development of Mosaic Discourse in Second Temple Judaism*, Leiden / Boston 2003.

Niebuhr (2009) Niebuhr, K.-W., „Ethik und Tora. Zum Toraverständnis in Joseph und Aseneth." In: Reinmuth (2009) 187–202.

Niehoff (2001) Niehoff, M., *Philo on Jewish Identity and Culture*, Tübingen 2001.

Pearce (2007), S., *The Land of the Body: Studies in Philo's Representation of Egypt*, Tübingen 2007.

Philonenko (1968) Philonenko, M., *Joseph et Aséneth. Introduction, texte critique, traduction et notes*, Leiden 1968.

Philonenko (1973) Philonenko, M., „Iphigénie et Sheila." In: M. Simon (Hg.), *Les syncrétismes dans les religions grecque et romaine*. Colloque de Strasbourg (9–11 juin 1971), Paris 1973, 165–177.

Reardon (1969) Reardon, B. P., „The Greek Novel." In: *Phoenix* 23 (1969) 291–309.

Reinmuth (2009) Reinmuth, E. (Hg.), *Joseph und Aseneth*. SAPERE Bd. XV, Tübingen 2009.

Royse (2009) Royse, J. R. „The Works of Philo." In: A. Kamesar (Hg.), *The Cambridge Companion to Philo*, Cambridge 2009, 32–64.

Runia (2000) Runia, D. T., *Philon von Alexandreia*. In: *Der Neue Pauly*. Bd. 9, Stuttgart 2000, 850–856.

Schäfer (2002) Schäfer, P., „Jews and Gentiles in Yerushalmi Avodah Zarah." In: id. (Hg.), *The Talmud Yerushalmi and Graeco-Roman culture III*, Tübingen 2002, 335–354.

Schmeling (2003) Schmeling, G., *The Novel in the Ancient World*, Boston 2003.

Schmid (2008) Schmid, K., *Literaturgeschichte des Alten Testaments. Eine Einführung*, Darmstadt 2008.

Schwartz (2009) Schwartz, D., „Philo, His Family, and His Times." In: A. Kamesar (Hg.), *The Cambridge Companion to Philo*, Cambridge 2009, 9–31.

Schwartz (1998) Schwartz, S., „Gamaliel in Aphrodite's Bath. Palestinian Judaism and Urban Culture in the Third and Fourth Centuries." In: P. Schäfer (Hg.), *The Talmud Yerushalmi and Graeco-Roman Culture I*, Tübingen 1998, 203–217.

Schwartz (2001) Schwartz, S., „The Rabbi in Aphrodite's Bath: Palestinian Society and Jewish Identity in the High Roman Empire." In: S. Goldhill (Hg.), *Being Greek under Rome. Cultural Identity, the Second Sophistic and the Development of Empire*, Cambridge 2001, 335–361.

Sela (1992) Sela, S., „The genealogy of Ṣefo (Σωφαρ) ben Elifaz: The importance of a Genizah fragment for Josippon's history." In: J. Blau / S. C. Reif (Hgg.), *Genizah research after ninety years. The case of Judaeo-Arabic*, Cambridge 1992, 138–143.

Siegfried (1875) Siegfried, C., *Philo von Alexandria als Ausleger des Alten Testaments*, Jena 1875.

Standhartinger (1995) Standhartinger, A., *Das Frauenbild im Judentum der hellenistischen Zeit. Ein Beitrag anhand von „Joseph und Aseneth“*, Leiden 1995.

Stemberger (1983) Stemberger, G., *Die römische Herrschaft im Urteil der Juden*, Darmstadt 1983.

Stemberger (2009) Stemberger, G., *Das klassische Judentum. Kultur und Geschichte der rabbinischen Zeit*, München 2009.

Stephens / Winkler (1995) Stephens, S.A. / Winkler, J.J. (Hgg.), *Ancient Greek Novel: The Fragments*, Princeton 1995.

Sterling (2009) Sterling, G.E., „How Do You Introduce Philo of Alexandria? The Cambridge Companion to Philo.“ *Studia Philonica Annual* 21 (2009) 63–72.

Tilg (2010) Tilg, S., *Chariton of Aphrodisias and the Invention of the Greek Love Novel*, Oxford 2010.

Vogel (2009) Vogel, M. „Einführung.“ In: Reinmuth (2009) 3–31.

Weitzman (2005) Weitzman, S., *Surviving Sacrilege: Cultural Persistence in Jewish Antiquity*, Cambridge, Mass. 2005.

West (1974) West, S., „Joseph and Asenath. A Neglected Greek Romance.“ *Classical Quarterly* 24 (1974) 70–81.

Wetz (2010) Wetz, Ch., *Eros und Bekehrung. Anthropologische und religionsgeschichtliche Untersuchungen zu „Joseph und Aseneth“*, Göttingen 2010.

Whitmarsh (2011) Whitmarsh, T., *Narrative and Identity in the Ancient Greek Novel: Returning Romance*, Cambridge 2011.

Wolfram (1994) Wolfram, H., „Origo et Religio, Ethnic Traditions and Literature in Early Medieval Texts.“ *Early Medieval Europe* 3 (1994) 19–38.

Wolfson (1947) Wolfson, H.A., *Philo: Foundations of Religious Philosophy in Judaism, Christianity and Islam*, Cambridge, Mass. 1947.

Yadin (2006) Yadin, A., „Rabban Gamliel, Aphrodite's Bath, and the Question of Pagan Monotheism.“ *The Jewish Quarterly Review* 96 (2006) 149–179.

Yerushalmi (1988) Yerushalmi, Y.H., *Zachor: Erinnere Dich! Jüdische Geschichte und jüdisches Gedächtnis*, Berlin 1988.

Yuval (2006) Yuval, I. J., *Two Nations in Your Womb. Perceptions of Jews and Christians in Late Antiquity and the Middle Ages*, Berkeley 2006.

Zangenberg (2009) Zangenberg, J. K., „Josef und Asenet. Zur Pragmatik und Modellhaftigkeit der Konversion Asenets." In: E. Bons (Hg.), *Der eine Gott und die fremden Kulte. Exklusive und Inklusive Tendenzen in den biblischen Gottesvorstellungen*, Neukirchen-Vluyn 2009, 95–120.

Zeitlin (2008) Zeitlin, F., „Religion." In: T. Whitmarsh (Hg.), *The Cambridge Companion to the Greek and Roman Novel*, Cambridge 2008, 91–108.

Zeitlin (1963) Zeitlin, S., „Josippon." *The Jewish Quarterly Review* 53 (1963) 277–297.

Zeron (1980) Zeron, A. „Erwägungen zu Pseudo-Philos Quellen und Zeit." *Journal for the Study of Judaism* 11 (1980) 38–52.

Stellenregister

Bibel und Pseudepigraphen

Joseph und Aseneth

Josippon

Pseudo-Philo

Philon von Alexandrien

Flavius Jospehus

Oracula Sibyllina

Klassische Griechische Autoren

Klassische Lateinische Autoren

Christliche Autoren

Rabbinische Literatur

Personenregister

Autorenregister, antik

Autorenregister, modern

Sach- und Ortsregister

Tria Corda

Jenaer Vorlesungen zu Judentum, Antike und Christentum

Herausgegeben von Walter Ameling, Karl-Wilhelm Niebuhr und Meinolf Vielberg

Die Vorlesungsreihe „Tria Corda. Jenaer Vorlesungen zu Judentum, Antike und Christentum" wird gemeinsam von den Lehrstühlen für Altes und Neues Testament der Theologischen Fakultät und vom Institut für Altertumswissenschaften der Philosophischen Fakultät der Friedrich-Schiller-Universität in Jena veranstaltet. Die kleinformatigen Bände bieten zahlreiche Quellenzitate, in der Regel sowohl in der Originalsprache als auch in moderner Übersetzung. Auf diese Weise werden die Leser in wesentliche Probleme und Fragestellungen der gegenwärtigen Forschung zur hellenistisch-römischen Antike, zum antiken Judentum, und zum frühen Christentum eingeführt und zugleich zur eigenen Begegnung mit wichtigen Quellentexten aus diesen kulturellen Bereichen angeregt.

Bisher erschienene Bände:

1 *Kaiser, Otto:* Des Menschen Glück und Gottes Gerechtigkeit. Studien zur biblischen Überlieferung im Kontext hellenistischer Philosophie. 2007. XVI, 269 Seiten. Fadengeheftete Broschur.

2 *Eck, Werner:* Rom und Judaea. Fünf Vorträge zur römischen Herrschaft in Palaestina. 2007. XIX, 263 Seiten. Fadengeheftete Broschur.

3 *Klein, Richard:* Zum Verhältnis von Staat und Kirche in der Spätantike. Studien zu politischen, sozialen und wirtschaftlichen Fragen. XI, 177 Seiten. Fadengeheftete Broschur.

4 *Klauck, Hans-Josef:* Die apokryphe Bibel. Ein anderer Zugang zum frühen Christentum. 2008. X, 393 Seiten. Fadengeheftete Broschur.

5 *Barnes, Timothy D.:* Early Christian Hagiography and Roman History. 2010. XX, 437 Seiten. Fadengeheftete Broschur.

6 *Schäfer, Peter:* Die Geburt des Judentums aus dem Geist des Christentums. Fünf Vorlesungen zur Entstehung des rabbinischen Judentums. 2010. XVII, 210 Seiten. Fadengeheftete Broschur.

7 *Bloch, René:* Jüdische Drehbühnen. Biblische Variationen im antiken Judentum. 2013. XIII, 133 Seiten. Fadengeheftete Broschur.

Mohr Siebeck • Postfach 2040 • D–72010 Tübingen
Neueste Informationen im Internet unter www.mohr.de